생활인의 교양전서

새 편지투 백과

안 재 찬 편저

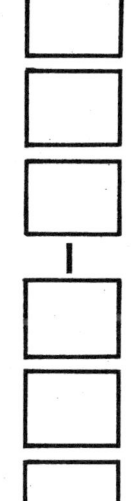

일 신 서 적 출 판 사

책 머리에

무엇인가 쓰지 않으면 잠 못 이룰 밤, 이런 밤이면 붉게 물든 단풍잎처럼 화려한 사연을 엮어야 했다.

오늘의 나를 있게해준 고향의 그 노모님에게, 붕정만리 이국(異國)에서 코리어의 얼을 심고 잇을 사랑하는 그 임에게, 의리에 죽고 산다는 믿음직스런 그 친구에게, 시방은 당신의 팔베개에서 고운 꿈 수놓을 수 없을 그 아내에게, 단 한 줄의 글일망정 헝클어짐 없이 써보는 것이다.

마지막 잎새를 나의 운명인 양 서러워만 할 것이 아니라 조락(凋落)이 잉태한 내일(來日)에의 걸음마를 애써 배워야 하는 것—

해서, 허허로운 벌판에 적요(寂寥)한 바람이 스며도 차분한 마음으로 의지(意志)의 돛대를 세우고 마음의 다리— 이 정(情)이 담뿍서린 마음의 다리를 놓아야만 될 것 같다. 그러느라면 잊혔던 어제가 살포시 살아나고 맑디맑은 내일의 새벽은 행운을 싣고 오리라.

편지란 이처럼 일상생활에 있어서 멀리할 수 없는 독특한 다목적(多目的)적인 만인의 생활장(生活章)이 된 것이다. 아두렇게나 쓰여진 한 장의 편지일지라도 자신의 인격과 교양이 투영되는 것이므로 독자들 그대들은 가볍게 여기던 온당치 못한 관념을 지양해야 될성싶다.

그대들 교양이 반영되는 것이 사실이라면 최소한의 편지 쓰는 요령과 에티켓, 기본용어 따위는 익혀 무지(無知)를 면해야 될 것이다.

아뭏든 편지를 쓰는데 있어서 일정한 형식이 있는 것은 아니나 정성과 진실이 담겨진 사연일수록 오래오래 갈무리 된다는 중차대함을 고려하여 그 A. B. C부터 다양한 문례(文例)에 이르기까지 서한문(書翰文) 전서로써의 면모를 미흡하나마 갖추어 놓았다.

또한 이름 난 시인들의 애정시 몇 편과 위대한 성현들의 명언을 발췌하여 언어묘사에 도움이 되도록 엮었다.

끝으로 이미 출간된 바 있는「표준편지투」를 이번에 대폭 손질하여
새로 꾸민 이 책 한 권으로 그대의 만족한 길잡이가 돼 줄 것을 믿어
의심치 않으며, 음양으로 협조해준 선배·친우에게 감사함을 표한다.

　　　　　　　　　　　　安　　在　燦

목   차

제一장 서간문 입문

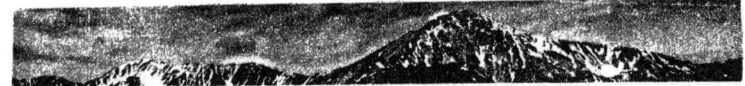

제二장 예절의 편지

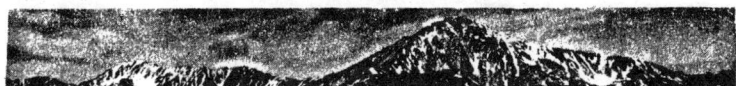

제五장 연　시

제六장 세계 명언초

1. 인 생 편
2. 사 랑 편
3. 행 복 편
4. 처 세 편
5. 명 상 편

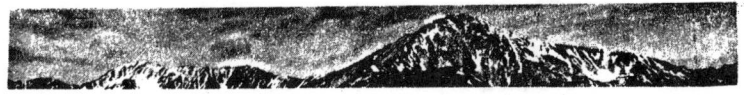

제 1 장 서간문 입문

편지 작성과 길잡이

1. 편지를 쓰는 요령
2. 편지의 기본형식
3. 편지의 기본용어
4. 편지의 문장
5. 편지의 이해력
6. 편지의 에티켓
7. 편지를 쓰는 태도

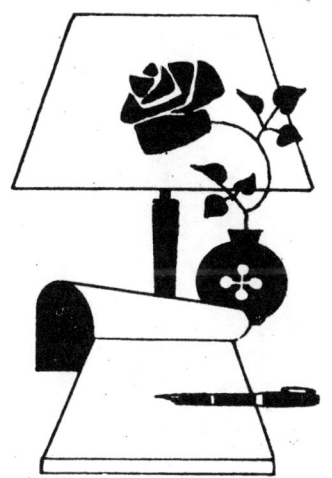

편지 작성과 길잡이

편지 (便紙) 란 소설을 서로 전하거나 용건을 적어 보내는 글이다. 입으로 말할 것을 종이 위에 정성껏 기록하여 타인에게 전달하는 것으로, 누구나 쉽사리 쓸 수 있다고 생각하겠지만 막상 쓰려면 그리 순탄하지만 않는 어려움을 느끼게 된다. 특히 보내는 이의 교양을, 에티켓을 잘 반영시키므로 세심한 주의를 기울어야 될 것이다.

1. 편지를 쓰는 요령

편지 내용은 길게 늘어놓을 것이 아니라 요점을 간단하게, 알기 쉽도록 써 보내야 한다. 무슨 말을 하려고 하는지 핵심을 잃어버린 글이라면 거치장스럽고 귀찮게 여겨진다. 상대방으로 하여금 일목요연 (一目瞭然) 한 뼈대있는 편지를 띄워야 한다. 사족 (蛇足) 은 백해무익한 넋두리에 지나지 않으니 요점있는 글을 써야 할 것이다.

2. 편지의 기본형식

편지를 쓰는데 일정한 기본형식 (基本形式) 이 있는 것은 아니지만, 최소한의 예의를 지킬줄 아는 골격은 갖추는 것이 좋다. 너무 지나치게 기계적인 형식을 찾다 보면 오히려 브자연스러운, 거리감을 의식 (意識) 하는 글이 되기 쉽다. 공감 (共感) 을 얻을 수 있게 예의에 어긋나지 않는 적당한 기본형식을 갖추는 것이 무난하다.

3 편지의 기본용어

편지를 쓰려면 먼저 상대방의 위치를 분명하게 알아야 한다. 그

4

사람과 나와의 사이—친숙, 상하(上下)관계 따위로 용어 자체가 변하기 때문이다. 그러므로 호칭부터 심사숙고 설정하여 받는 이로 하여금 흐뭇한, 자신의 인격을 드높일 수 있는 용어를 사용해야 한다.

4. 편지의 문장

편지를 쓰는데는 그 문장이 정중하고 정확성이 있으면서 품위를 잃지 말아야 한다. 긴박한 사태라고 해서 제멋대로 갈겨진 밑도 끝도 없는 내용 전달은 한 번 생각해 볼만하다. 용무를 어떻게 표현해서 바르게 전달하는가를, 예의를 지킬 수 있는가를, 정중을 잃지 않는가를—조심스럽고도 짜임새 있는 문장구성을 이뤄야 한다.

5. 편지의 이해력

편지는 상대방의 얼굴이 베일에 싸인 연고로 통상 일방통행의 대화가 된다. 그러므로 대담한 표현과 깊이 있는 자기 설명을 진지하게 할 수 있다. 따라서 말보다 이로정연(理路整然)한 의사 소통을 시사하는 잇(利)점이 있으므로, 이를 선용하여 상대에게 충분히 이해가 가도록 글을 써야 한다.

6. 편지의 에티켓

웃는 얼굴에 침 못뱉는다는 격으로 비록 한 장의 편지일망정 깍듯이 예의를 지켰을 때 과연 누구를 위한 것이 되겠는가.
이 에티켓은 다름아니라 편지 속에 교양이, 개성이, 인간미가 넘쳐 흐르기 때문이다.
그런즉 누구든지 이 정도는 알아둠이 좋으리라.
※ 편지는 깨끗한 흰 종이에 바르게 쓰여지는 도구로 쓰자.
※ 정성드린 흔적이 있도록 쓰자.
※ 기본 상식과 예의를 지키면서 쓰자.

※ 반드시 내용 검토와 자기 손으로 오, 탈자가 없도록 쓰자.

7. 편지를 쓰는 태도

무엇보다 마음에서 우러나오는 그런 성실한 자세와 경건한 마음가짐을 가져야한다.

지식의 유무를 떠나서 진지하게, 명확한 내용과 깨끗한 친필로 서로가 이야기를 하듯 격의없게 쓸 것이며, 겉치례가 되어서는 안된다.

지나친 자기과시로 어려운 문자를 남발하거나 예의를 벗어난 오만된 필체는 혐오감을 불러 일으킬 따름이다. 지위 여하에 따른 호칭과 보편 타당성 있는 언어를 구사하여 겸허한 태도로 일관한다면 바람직한 자세가 될 것이다.

6

편지의 서식

편지의 서식

사람이 살아가는 데 있어서 편지는 그림자처럼 따라다니는 필요 불가결한 것이다.

이런 중요성을 감안하더라도 가능하면 좋은 편지, 멋진 편지를 써야 한다. 따라서 그대의 따뜻하고 아름다운 마음이 꾸밈없이 자연스럽게 표현되었을 때 훌륭한 편지가 된다.

◇ **편지의 요식**(要式)

《서두》

편지의 서두는 호칭, 시후, 문안으로 성립된다.

＊ **호칭**(呼稱) …… 손아랫사람이 웃사람에게 드리는 경우,

부모께 하는 편지라면 「아버님 보옵소서」, 「어머님께 올립니다」의 식으로 쓴다.

한편 웃사람이 아랫사람에게 할 때에는 「보옵소서」→「보아라」로, 「께」→「에게」로 바꾸면 된다.

또한 지위가 높은 분이나 선배되는 이에게는,

「삼가 글월을 ○○ 님께 올립니다」나 「드립니다」로 쓸 수 있다.

＊ **시후**(時候) …… 자연의 변화에 따라 적절하게 구사하면 되는 것인데, 이는 음악에 있어서—중심되는 것이 나오기 전 하나의 윤활유 역할을 하는 시그널·뮤직 같은 효용성을 지니고 있다. 자기 눈에 비친 평범한 것들을 솔직하게 옮기면 된다.

우선, 일년 열두 달을 더듬어 본다면,

一월—

◎ 새해를 맞아

◎ 신년을 맞이하고 나서

◎ 백설이 뒤덮인 ××년을 맞아

◎ 올해는 그대에게 신의 축복이 있기를 빌며

二월—

◎ 엊그제가 정월인 것 같더니 벌써 이월이 왔군요.

◎ 찬바람 속에도 매화는 피고

◎ 이월이긴 하지만 눈발은 나부끼고

三월—

◎ 만물이 소생하는 봄!

◎ 화창한 봄날에

◎ 버들가지 제 철을 자랑하는……

◎ 여인의 치마폭에 삼월이 감기는 이때

四월—

◎ 개나리가 더욱 예뻐 보입니다.

◎ 남풍에 꽃소식은 전해 왔소이다.

◎ 봄도 물익는 사월이라오.

五월—

◎ 라일락 향기 그윽한 이때

◎ 신록의 계절은 왔는데……

◎ 오월은 당신의 달

六월—

◎ 전화가 휩쓸고 간 그 유월에……

◎ 봄인가 싶더니 여름은 익어가고

◎ 꽃잎은 떨어지고 녹음은 짙어 가는데

七월—

◎ 장마철이 본격적으로 시작하는……

◎ 일년에 한 번만 만난다는 견우, 직녀의 날
◎ 바캉스를 생각하기엔 조급한 이때
八월—
◎ 바다가 부릅니다. 손짓합니다.
◎ 찌는듯한 팔월에
◎ 나라를 되찾은 감격스런 팔월은
◎ 하기봉사는 더없이 보람을 주었소.

九월—
◎ 통일로의 코스모스 피어나는데……
◎ 구월이면 마무리를 해야 할 달
◎ 홀로 피어나는 들국화가 좋습니다.
十월—
◎ 귀뚜라미 슬피 우는 초가을에
◎ 만물이 익어가는 즈음
◎ 독서의 계절, 낙엽지는 시월
十一월—
◎ 제법 날씨가 싸늘해졌나 봐요.
◎ 첫눈 내리니 마음은 얼어 가는데
◎ 겨울답지 않게 포근한 날씨
十二월—
◎ 한 해를 보내야 하는 어수선 한 달
◎ 지붕 위에 쌓인 하얀 눈이……
◎ 이 해가 다하기 전에
◎ 방학을 맞으며
◎ 징글벨 소리에 사랑도 움트고

다음, 계절별로 엮어 본다면
봄—
◎ 봄이라긴 하나 아직도 추위는 여전한 이때
◎ 개울가에 파릇한 풀잎은 새 희망에 벅찬

무한한 가능성을 보여 주는데
◎ 초가삼간 오막살이에도 햇살은 비추이고 겨우내 얼어붙었던 내
   마음에도 정녕 봄은 왔나 봐요.
여름—
◎ 가뭄이 지속되던 끝에 드디어 수은주가 삼십 오 도를 오르락하
   고 있읍니다.
◎ 사상 최대의 홍수로 인해 수마가 할퀴고간 지금은 뒤치닥 거리
   에 골몰하고 있소.
◎ 역시 바다가 그리워지는 계절이므로 바캉스 계획에 마음 들떠
   있을 당신을 그리며
가을—
◎ 천고마비의 가을철을 맞아 님을 그리는 마음은 날로 더해 가던
   차
◎ 한가윗날을 잊어버린 북한 동포에게 연민의 정을 금치 못하는
   이때
◎ 낙엽지는 소리, 귀뚜리 우는 소리에 외롭고 쓸쓸한 밤은 깊어
   만 가는데
겨울—
◎ 일기 고르지 못한 요즈음 두툼한 오바켓을 올리고 발길을 재촉
   하는 때라
◎ 소한이라고는 하지만 추운 줄도 모르고 지내고 있사오니 한시
   름 놓으셔도 좋으리라 생각합니다.
◎ 마지막 잎새가 포도 위에 구르던 것이 어제련듯 하더니 벌써
   소설이라니 세월의 흐름을 막을 수는 없는 것 같습니다.

＊ 문안 (問安)
먼저 상대방의 근황을 묻고 자신의 안부를 전한다.
  오랜만에 소식을 전하는 편지라면—자주 문안드리지 못하여 송구
스런 말씀 어떻게 여쭈어야 될지 모르겠나이다. 또는, 장기간 뵙지
못해 여러모로 궁금합니다—로 하면 무난하다.

11

특히 은혜를 입었을 때에는—늘상 살피시고 도와주심에 감사합니다. 또, 지난 모임에서는 각별한 배려로 무사히 끝났음을 감사드립니다—의 식으로.

생면부지의 사람에게는—당돌하게 이런 글월을 드려 실례인 줄 압니다만……

무례함을 무릅쓰고 글월 올립니다—로.

한편 서두를 생략하는 경우가 있는데 즉, 조위(吊慰)나 재해(災害)를 위문하는 편지에선 애초부터 본문(용건)으로 시작하는 ·것이 예의가 된다. 기타 급무(急務), 단순한 사무적인 것 그 회답은 전략(前略)하옵고, 또는 재번(除煩)하고로 쓴다. 엽서 사용 시도 어 것이 널리 쓰인다.

《본문》

안부가 끝나면 본 용건의 사연을 쓴다.
── 아뢸 말씀 다름이 아니라
── 드리는 말씀은 다 아니라
── 오늘 하고자 하는 말은 다름아닌……
따위를 쓰고 본격적으로 시작 한다.

본문을 쓸 때는 쉬운 문장으로 요점있는 정확성을 기해야 한다. 그리고 품위있는 용어를 취사선택 해야 하며, 소위 문자를 쓴다고 난해한 한문투나, 외래어 내지 외국어의 남용은 삼가는 것이 바람직하다.

또한 경어(敬語)사용 문제도 중요시 되는데 이는 상대방의 지위, 신분, 자격에 알맞도록 써야 한다. 버릇 없는 전방진 말투나 자기 신분과 동등 이하일 때의 지나친 경어 사용은 실례가 되는 것이다. 특별히 기억할 것은 노인에게 대해선 유행어(流行語)나 외래어(外來記) 따위는 쓰지 않아야 한다.

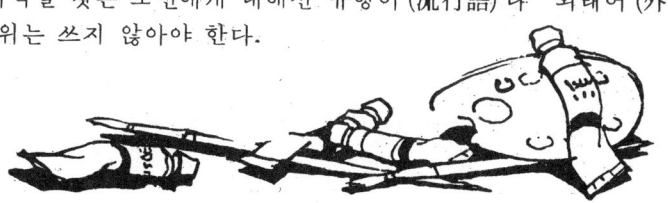

12

《결언》

끝맺는 말은 서두와 상대적 (相對的) 인 것으로, 그 축원 (祝願) 은

—— 아무쪼록 신의 가호가 있기를 빌며

—— 내내 안녕을 바라며

—— 앞날에 행운이 깃들기를 원하오며 ……

의 식으로 쓰고 마지막으로,

—— 이만 줄입니다.

—— 그럼 이만 사뢰나이다.

—— 난필 용서 바랍니다.

—— 회답 주시길 비옵고 이만 ……

—— 이만 붓을 놓는다.

—— 총총 이만

—— 그럼 몸 건강 하기를

쓴 뒤에, 안녕히 계십시오. 안녕히 —로 끝맺음 한다.

다음 연 월 일은 보통으로 달과 날만 기록하나 특별한 경우, 초대장에는 모두 다 쓴다, 정취를 돋구기 위해서도 마찬가지—.

一〇월 二七일

十一월 二九일 첫눈 내리는 밤에

八월 八일, 해운대를 떠나며

끝으로 서명 (署名) 은 동성동본 (同性同本) 일 때는 성을 생략하며 한집안 사람끼리도 마찬가지로 이름만 쓴다.

상대방이 웃사람이라면

자기 이름 밑에 좀 작은 글씨로—올림—, —드림, 따위로 쓰고 편지를 받는 자와의 관계 즉,

아들 〇〇올림

딸 〇〇상서

사위 〇〇사룀

제자 〇〇드림—이며 동료 이하인 사람일 때는—적음, —씀, —글 따위로 쓴다.

그 밖에 추기 (追記) 인, 영어로 P·S (피이·에스—postscript) 라고 일컬어지는데 이것은 본문에서 쓰지 못한 것을 뒤에 더붙여 기록하는 것으로 이때는,

––(추기)……또 한 마디 적는다.

또 한 말씀 올리나이다.

◇ 편지의 호칭 (呼稱)

◎ 각하 (閣下) 원칙적으로 국가의 원수에 한해서만 사용 한다.

◎ 좌하 (座下) ……조부모, 부모, 선배, 선생 등 각별히 존경하는 분이나 웃사람에게 사용되는, 귀하보다 상위 (上位) 에 속하는 존칭 용어이다.

◎ 귀하 (貴下) ……공문상으로 널리 사용되는 존칭으로, 이는 좌하로 받들기는 지나친 것 같고 그렇다고 아랫사람으로 다스리기도 어려워질 때 무난하게 쓰인다. 이때는 남녀 불문, 지위 여하를 막론하고 두루 쓰인다.

◎ 안하 (案下) ……귀하와 같은 경우 사용

◎ 선생 (先生) ……사회적으로 이름난 명사나 스승, 어른에게 사용된다. 여기에서 님자를 붙이게 되면 융숭한 대접이 된다. 물론 남녀 불문코 쓰인다.

◎ 여사 (女史) …… 결혼한 여자를 높여서 일컬을 때, 사회적인 명사에게 널리 사용된다. 미혼 여성에게는 불가.

◎ 형 (兄) …… 친구, 동년배 등에 정답게 쓰인다. 그러나, 「형」자가 든 존칭은 많이 있으니—대형 (大兄), 아형 (雅兄), 인형 (仁兄), 학형 (學兄) 따위로 단순한 형 (兄) 보다는 친밀감이 있어 좋다. 문학상의 교우일 때는 사형 (詞兄) 으로 통한다.

◎ 씨 (氏) …… 자기 자신과 비슷한 경우의 사람에게 일반적으로 사용된다.

◎ 군 (君) …… 자기보다 아랫사람이거나 친구, 특히 스승이 제자에게 호칭할 때 많이 쓰인다.

14

◎ 양(孃) …… 여사가 기혼자의 전용이라면 양은 미혼여성의 전용으로 사용된다. 대체로 이 호칭은 동년배나 아랫사람에게 쓰인다.

◎ 님…… 상하, 남녀 불문하고 가장 많이 사용되는 존칭이다.

◎ 께, 에게 …… 「께」는 웃사람에게, 「에게」는 아랫사람에게 보통 쓰인다.

《봉투의 서식》

보내는 사람　정 혜 원 올림

서울시 관악구 신림 3 동 1340 - 25

[1][5][7] - [0][1][5]

받는 사람　장 지 원 귀하

강원도 속초시 노학동 이목리 215 - 37

[2][1][7] - [0][7][0]

우편엽서

보내는 사람 박 윤 주 보냄

서울시 중랑구

중화 2 동 296 - 91

[1][3][1] - [1][2][2]

받는 사람　문 선 희 받음

경기도 안산시

고잔동 1334 - 35

[4][2][5] - [0][2][0]

▲ 일반우편
▶ 우편엽서
▼ 항공우편

 매월 말일은 편지 쓰는 날입니다.

Lee Seong-min
125-36 Pil-dong
Chung-Ku, Seoul, Korea

VIA AIR MAIL

Mr. Smith Brown
3384 Yucca Street
Hollywood, California
28009, U. S. A.

PAR AVION

편지의 類型

- ⊙ 안부편지
- ⊙ 축하편지
- ⊙ 감사편지
- ⊙ 위문편지
- ⊙ 의뢰편지
- ⊙ 통지편지
- ⊙ 위로편지
- ⊙ 거절편지
- ⊙ 조회편지
- ⊙ 소개편지
- ⊙ 상용편지
- ⊙ 팬 레터
- ⊙ 초대편지
- ⊙ 기타

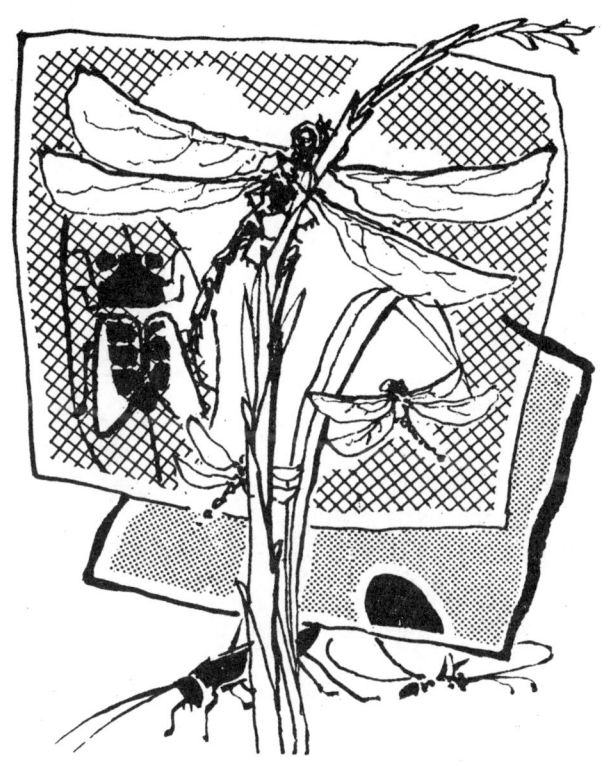

편지의 유형 (類型)

* 안부 편지

안부(安否) 또는 둔안 편지는 편안 여부를 묻는 인사의 치레다.

부모의 곁을 떠나버린 객지 생활의 거처를, 고향 소식과 집안의 편안을 궁금히여기는정성어린구구절절이 오갈 때, 비록 몸은 떨어져 있지만 마음만은 한 곳으로 모여서 한시름 덜게 된다.

끊어진 우정의 회상을 위함에서, 사랑의 연연함을 돌이키며 국토 방위에 여념없는 병사에게는 출장중인 남편의 외도를 근심하는 아내의 입김은 어떠며, 이역만리 이방지대에서 향수를 달래는 친지들과 청빈낙도의 그 고고한 스승은—한 줄의 글귀로 정감을, 얼어붙었던 마음을 녹일 수 있는 것이 안부 편지다.

이 울고 웃는 희비쌍곡선의 인생살이에 안부 여하가 결코 외면될 수는 없는 것.

그러할진대 전열을 가다듬고 단 한 줄의 글월일망정 소식을 전해야겠다. 안부의 편지를—

◎ 안부 예문

—— 어머님 보옵소서

어머님 그간도 별고 없으십니까.

어머님 슬하를 떠나 온지 달포가 지났지만 항상 제 마음은 어머님의 건강에 가 있읍니다.

어머님의 염려 덕분으르 맡은 바 임무에 충실하고 잘 있읍니다.

어머님.

요즈음은 식욕이 어떠하온지, 식사 때마다 피로와 하시는 모습만이 눈앞에 선합니다. 뭐니뭐니 해도 건강이 제일인 것 같사오니 맛있는 음식 꼬마들 생각지 말고 맘껏 드셔야 합니다.

이제 저도 서울 생활에 제법 익숙해지는 것 같습니다. 처음에는 모든 것이 불편하고 서먹서먹 하기만 했는데 시간의 흐름에 따라 저 같은 촌놈도 서울양반 못지않다는 생각이 들곤 합니다.

어머님께선 저희 염려는 조금도 하지 마시고 길은 멀지만 전부터 말씀드렸듯이 고속버스로 도시며, 농촌이며 삶의 의욕에 불타있는 조국의 변모를 보실 겸 내주쯤 여행길에 오르시길 바랍니다.

여행길에 서울을 오시게 되면 어머님이 즐기시는 음식과 의복, 관광을 자신있게 시켜 드리겠읍니다. 그럼, 출근 시간이 임박해서 두서없는 난필 이만 줄일까 합니다.

어머님의 옥체 만강을 두손 모아 빕니다.

서울에서 아들 식 올림.

* 축하 편지

축하를 하는 것도 다양하다. 이를테면 결혼, 해산, 돐, 입학, 졸업, 환갑 등등인데 어떤 것이건 솔직한 마음으로부터의 진실된 사연을 전달해야 한다. 받는자의 기쁨과 일치가 될 때 직접 뵙지는 못했더라도 축의 (祝意)는 고조될 것이다. 편지를 쓸 경우 시후, 안부는 생략하고 하심 (賀心)의 표시만 전하면 된다.

○ 축하 예문 (例文)

—— 취직을 한 약혼자에게

광명일보 (光明日報) 기자 (記者)로 입사 (入社)하셨다구요.

축하의 말씀을 드립니다——진정으로.

사상유례 없는 七〇대一의 치열한 경쟁을 뚫고 당신이 선택되다니.

하늘이 도왔나 봐요. 선택된 인간을 말입니다. 이제부터 지 (知)와 덕 (德)을 겸비한 나의 당신에게 박력있는 필치로 분연히 일어날 수 있는 기회가 주어진 것입니다.

많은 언론인이 약자를 외면하기 일쑤며 불의를 알면서도 금력과 권력에 아첨함을 주저하지 않는 자타가 공인하는 무관의 제왕은, 사회의 목탁은 어디에서 찾는단 말입니까.

사랑하고 존경하는 당신만은 굳게 믿습니다. 사회의 비정을 신랄하게 비판하겠다면 약자의 편에 서겠다던 연애시절의 그 강한 결의를 말입니다. 예리한 필봉으로 종횡무진 명성을 떨칠 훗날의 당신을 그리며, 그러다가 저는 당신 못지 않는 자부와 긍지를 갖고, 당신의 아내가 된 것을 한량없이 기뻐하면서…… 죄송해요. 축하를 드린다는 것이 지나친 압력 (?)을 가한 것 같아서 말입니다.

아뭏든 당신의 존경받는 목탁의 사자 (使者)가 되셨을 때, 설상가

상으로 가정의 궁핍이 있다손치더라도 쾌히 감수하겠음을 하늘을 두고 맹세합니다.

부디 당신에게 정도(正道)의 승리만이 있기를 빌겠어요. 두손 모으며.

—— 고등 학교에 입학한 동생에게

미경아, 입학을 축하한다. 좋은 성적으로 입학했으리라 믿는다. 한시라도 마음놓지 못하신 아버님이 오늘 밤부터는 다리 뻗고 주무시겠단다.

입학 선물로 불어사전을 보낸다. 며칠 뒤에 한 번 머리도 식힐 겸 다녀 가거라.

네가 좋아하는 오징어도 구워놓고 기다리겠다. 안녕.

* 감사 편지

감사를 표시하는 편지는 상대적인 호의나 정성, 노력 여부에 대해 고마움의 뜻을 나타내는데 그 목적이 있으므로 있는 그대로의 자기 진심을 표시하면 된다.

그런데 유의할점은 시의(時宜)에 편승하는 것이다. 절호의 기회를 놓치면 효과가 희박하게 마련이다.

◎ 감사 예문

—— 친구 삼촌에 대한 감사

찌는듯한 복중에도 닷새 간이나 침식을 제공해 주셔서 매우 고마왔읍니다.

정성과 염려 덕분으로 회사일도 무사히 마쳤고 아울러 최 남단의 명승지인 금산을 불편하신 몸에도 불구, 안내해 주셔서 비록 한 폭의 그림을 남겼지마는 감회가 깊은 작품이었읍니다.

저희 어머님께도 그 곳 구용이 삼촌댁의 거처와 집안 이야기를 전했더니 기뻐하심이 이만저만이 아니었읍니다. 특히 꼬마 놈의 재롱은 퍽 인상적이었으며 눈앞에 삼삼합니다. 내년 여름에도 기회가 있으면 들릴지 모르나 그 때는 신세지지 않겠읍니다. 지금 생각 같아서는 구용이 삼촌 내외분을 모시고 몇 날을 함께 지낼 작정입니다. 거듭 감사하는 마음으로 안부 전하는 바입니다. 가내의 평안을 바랍니다.

* 위문 편지

어떤 불의의 사건 (수해, 화재, 도난, 교통사고) 으로 막대한 재산상의 손실이나 인명 피해를 입었을 경우 상대방을 위로, 격려하는데 이 위문 편지의 뜻이 있는 것이다.

될수록 자기 입장이나 변명은 삼가하면서 형식적이 아닌 근심어린 표시로 슬픔을 함께 하며 앞날에 대해 용기를 불어넣어 주는 것이 중요하다.

한편 병상에서 침울한 나날을 보내고 있는 환자에게는 왜곡된 사연으로 병세가 악화되는 일이 없도록 세심한 주의를 기울여야겠다. 밝은 표정을 할 수 있게 하는 진정한 의문의 편지 역시 서두의 시후 따위는 생략하는 것이 좋다.

○ 위문 예문

── 화재를 입은 친구에게

새벽녘에 휩쓸었다지.

불행중 다행으로 인명 피해는 없었다고 보도 되었어.

우선 흐트러진 마음을 가다듬고 네가 총지휘를 해야 마땅하니 한 끼라도 걸르지 말고 식사를 해야지. 내일까지 삼십 만원을 송금할 테니 아쉬운대로 써다오.

설마 산 입에 거미줄 칠까보냐. 날씨 춥기 전에 모든 걸 서둘러
처리하기 바라며 부족한 것을 수시로 알려주면 최선을 다 하겠다.
낙심 말기를 당부하며.

—— 입원중인 친구에게

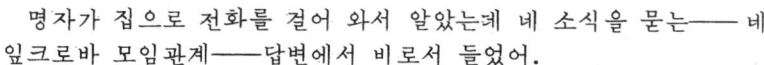

그러니까, 일개월이 된 셈이구나.

와병중이라는 전갈 받고 많이 놀랐어.

명자가 집으로 전화를 걸어 와서 알았는데 네 소식을 묻는—— 비
잎크로바 모임관계——답변에서 비로서 들었어.

진작 알았더라면 일차 병문안이라도 했을 텐데……

미안해.

하기야 신경성질환 같은 것은 일종의 문화병 (文化病) 이니까 심신
의 안정만 취하면 곧 완쾌될 수 있을거야.

너 혹시 그이 때문에 신경 쓴 거는 아니겠지.

남자가 무엇이며 사랑이 무언지——그런 병이라면 한 번은 앓아
둘만도 해.

사실 나도 말야, 지난 봄에 두 달간의 병력 (病歷) 이 있지. 행복한
병이라고 다들 놀려대서 혼났어.

별것 아니니 불안해 하지 말고 명랑한 얼굴로 머리에 빗질도 해보
고 목청을 다듬어 노래——네가 좋아하는 「사랑의 세레나데」——도
불러 봐.

오는 토요일엔 네가 좋아하는 쵸코랫과 백합꽃을 사 갖고 찾아 가
겠어.

상심하지마. 그까짓 병 가지고 계집애두.

그럼 그날까지 안—녕.

✱ 의뢰 편지

이 편지는 어떤 아쉬움이 있을 때 부탁하거나, 협조 또는 상담을 요청하는 것이다. 취직 알선, 도서 대부, 경제적 원조, 돈을 빌려 주기를 부탁하는 것 등등 자칫하면 상대방에게 큰 짐을 주게 되는데 잘 판단해서 해야 할 일이다. 가능하면 승산없는 싸움은 하지 마라 는 격으로 가능성이 희박하다고 느껴지면 일단 멈추는 것이 뒷날의 자신을 위해서도 좋다. 이 편지는 어디까지나 보내는 이의 저자세 가 당연지사이므로 정중하고 예의있는 격식을 갖추어야 한다.

지나치게 쥐어짜는 소리는 오히려 역효과를 초래함에 불쾌감을 갖 지 않도록 주도면밀한 글을 써야 마땅하다.

○ 의뢰 예문

── 스승에게 취직을 청탁하며

선생님과 석별의 정을 나눈 지 八개월에 접어들고 있읍니다.

조락(凋落)의 계절이라서인지 모두가 쓸쓸하게만 느껴집니다만 선생님의 자애스런 모습과 건강에는 별스럼이 없으리라 믿습니다.

당숙이 경영하시던 회사가 부득이한 사정으로 문을 닫아서 몇 달 째를 실직 상태로 지내고 있읍니다. 많은 동창생들이 제마다의 생활 에 일손을 멈추지 않고 동분서주함을 목격하노라면 이상스런 기분에 휩싸이고 맙니다.

저축해 놓은 것도 이젠 바닥이 나서 당장 노모님과 어린 동생들 때문에 심한 곤경에 빠져 있읍니다. 금년같이 불황기에 쉽사리 일자 리도 나서지 않고 무턱대고 세월을 탓할 수도 없어 선생님께 여주어 보는 겁니다.

어느 곳이든 선생님이 알선해 주신다면 서슴없이 일하겠다는 각오 로 이 글월을 드립니다.

항시 누만 끼칠 줄 아는 못난 제자를 굽어 살펴 주십시오.

바쁘신 중에라도 송구스럽지만 적당한 곳이 있다면 선처해 주시길 간절히 비옵니다.

—— 자기의 결혼을 의뢰

고모부님, 엊그제는 정말 즐거웠읍니다.

고궁을 산책하실 때 고모부님께서 「영옥이도 시집갈 나이가 된 것 같구나」고 말씀 하실때 순간적으로 저의 얼굴은 홍당무가 되었읍니다만 다 큰 처녀로선 그 말씀이 그리 나쁠리가 만무합니다.

제 성격에 고모부님 옷자락에 매달려 「좋은 신랑감 있으면 소개해 주세요」하고 말씀드릴 수도 없고 해서 생각나는김에 글월을 올려봅니다.

홀로 계시는 어머님의 성화도 성화지만 주위 사람들의 눈초리가 무서워 견딜 수가 없읍니다. 결혼이란 것이—이상에 맞는 사람끼리 만남이 쉬운 일은 아닌 것을 잘들 알고 있으면서도 재촉하니 불안하고 초조해서 미칠 지경이에요. 명철이도 졸업과 동시에 무역회사에 나가고 있으니 아우들 학비 문제는 염려될 바 없읍니다.

고모부님은 남달리 많은 친구와 유대관계를 갖그 계시니 신경만 쓰신다면 될 것도 같습니다. 그럼 「내가 시집문제는 꼭 알아서 하지」하는 말씀이 귓전에 맴돕니다. 되도록 빠른 시일안에 회소식 전해 주시면 감사하겠읍니다.

＊ 통지 편지

통지 편지에는 일반적으로 슬픔을 전하는 사망, 사고 등의 것과 기쁨을 전하는 아기 돐, 결혼, 영전, 모임, 이사 등의 전달이 있다.

사망이나 기타의 어려움을 당한 경우는 가능하면 친지나 여러 사람에게 알려 도와주거나 의기소침한 가족들에 사기를 진작시켜 주는 편지를 쓰면 좋다.

26

특히 집을 이사하거나 전근 된 경우는 새로운 주소를, 위치를 정확하게 알려주고 한번 다녀가도록 권유하는 것도 예의상 좋을 뿐만 아니라 고적함을 달랠 수도 있다.

편지 내용은 장황하게 늘어놓지 말고 전하고자 하는 주요점을 간략하게 통지하면 된다.

○ 통지 예문

—— 개미회 임시회으

전략하고,

다가오는 八월二十二일에 본 회원인 안 민철군이 파월 기술자로 떠나게 되었읍니다. 안 기사의 환송회를 겸한 임시회의를 개최코자 하니 전원 참석하기 바랍니다.

　　　　　다　　　음
　　때　……八월二十二일 오후 二시
　　곳　……종묘 (종로四가)
　　회비……一천원

　　　　　　　　　　八월 十二일
　　　　　　　　　　개미회장　김 선달

—— 이　　사

봄 기운이 완연한 걸 봐서 건강하리라 믿어 의심치 않습니다.

그토록 바라던 주택복권이 추첨되어 새 집을 마련하게 되었읍니다.

별표 (別表) 의 주소로 입주하게 되었으니 꼭 찾아주십시오.

도심에 있을 때보다 공기도 좋고 인적도 드문 곳이라 마음에 듭니다. 교통도 불편치 않으니 아빠와 함께——.

* 위로 편지

위로 편지는 친구지간의 아름다운 우정이나 애정의 표현으로, 이는 정상적이 아닐 때 위로를 베푸는 것이며 더욱 분발하라는 뜻으로 격려의 편지를 띄우게 된다.

위로나 격려 편지라 하더라도 지나친 교훈적이거나 설교투이면 상대적으로 부작용을 수반할 수 있음으로 세심한 배려를 해야 한다.

○ **위로 예문**

── **친구 어머니의 운명을 슬퍼하며**

진정 뭐라고 위로의 뜻을 표해야 할지 모르겠어. 지난 주일까지만 하더라도 정정하시던 어머님께서 돌아가셨다니 믿을 수 없어.

숙환이라고는 하지만 제대로 현대 의술의 혜택도 받지 못하시고 눈을 감으셨다니 참으로 슬프고 애석하기 그지없어.

얼마 안있어 네 졸업식인데…….

피를 말리는 아픔이겠지만 식음을 전폐하진 말도록 해요. 산 사람은 살아야 하니까 건강에 조심해줘 비관은 절대 삼가야.

누구보담 행복해야 할 너야. 어머님도 극락에서 꼭 그렇게 빌고 계실 거야.

운명하신 어머님을 흐뭇하게 해 주는 것은 타로 네 행복에 달린거야. 그것이 효도하는 길이고.

틈나는 대로 어머님 영전에 향이라도 피우려고 하니 그때까지 몸조심을.

28

* 거절 편지

초대를 거절하거나 부탁을 거절하는 것이므로 정중하게, 상대방의 기분을 잡치지 말도록 써야 한다.

어쩌면 부탁하는 것보다 거절하는 방법이 어렵다고 생각될 법하다.

솔직하게 자기 처지를 말하고 다음 기회로 미룬다거나 아니면 상대방의 의사를 존중해주면서 깨끗하게 거절하는 것이 최선의 거절이다.

○ 거절 예문

—— 돈을 빌려 달라는데

보내신 서신 잘 받았읍니다.

순식간에 참변을 당하셨다니 애석함을 금할 길 없읍니다. 다행히도 목숨에는 지장이 없다니 다소 위안이 되겠읍니다.

부탁하신 말씀은 대단히 부끄럽습니다만 현재 제 형편이 옛과 같지는 못하다는 것을 고백하지 않을 수 없읍니다.

구구한 변명이라고 책할지 모르지만 그이도 출장중이라 어떻게 손을 써 볼 수가 없읍니다.

지난 달에 조그만 인쇄공장을 인수 맡아 운영하노라고 요 근래는 남모르는 부심을 하고 있읍니다. 고용원의 봉급을 지불하지 못한 지금 당신의 재액을 접하고 가슴은 찢어질 듯 했읍니다.

그이가 돌아 오시면 상의하여 힘써 보겠으나 큰 기대는 걸지 마십시오.

시어머님께서 빠른 시일내 회복되시기를 마음으로부터 기원하고 있읍니다.

* 조회 편지

무엇을 문의하거나 조회 (신원)하는 편지는 간략한 요점만 쓰는것이 바람직하다. 일목요연하게, 한 번 훑어서 용건을 파악할 수 있도록 전해야 한다.

상대방에게 어디까지나 협조를 요청하는 입장이니까 예의를 잊지 말고 문장 구조상 애매모호한 귀절은 삼가야 한다. 가급적 회신을 요구하는 것이니만큼 반신료를 동봉하는 것이 온당하다.

○ 조회 예문

—— 신입사원 신원을

김형이 바쁘다는 것은 삼척동자도 알고 있지만 친구를 위해서 잠시 눈길을 딴 곳에 돌려 보는 것이 괜찮으리.

이번 신입사원으로 채용된 박 일남씨의 확실한 신원을 알고자 하니 수삼 일 이내에 답신 주게나.

내가 볼 때는 온건한 사람으로 보여지나 열 길 물속은 알아도 한 길 사람의 속은 모른다고 했잖아. 그 곳에서 고등학교를 마치고 대학은 대구에서 수학한 것으로 이력서에는 기록되어 있네.

어머니 얘기는 가끔하는데 부친에 관한 언급은 일체 없네. 무슨 급작스런 변화라도 있는게 아닌지……

사람 인품도 그만하면 될 성싶으나, 술! 그나마도 폭주로 사흘에 한 번씩 큰 실수는 아니지만—좌우간 아름답진 못하이. 젊은 사람의 장래도 있고 하니 대과가 없으면 키워 볼 작정이네. 수고를 바라며 이만.

* 소개 편지

　인사가 없는 사람을 소개하는 편지인데 소개장에 대상자의 (신청자) 성명, 나이, 성격, 취미, 간략한 이력, 환경등과 소개의 목적을 써 넣는다.

　소개를 시키는 자신과의 관계를 반드시 밝혀 줄 것이며 한두 가지의 자랑을 암시해 주는 것도 예의에 어긋나지 않는 범위내에서 통용되는 것이다.

　사전에 전화나 편지로 상대방의 의중을 떠 보고, 그래서　바램이 있는 눈치라던가, 아니면 허락을 얻어 놓으면 더 효과적일 수 있을 뿐만 아니라 깍듯한 예의도 되는 것. 이런 절차를 밟는 것이 특히, 손윗사람에게는 지켜져야 할 상식으로 되어 있다.

* 소개 예문

—— 훈련소 동기를 소개하며

　숙이야. 이젠 제법 푸른 제복의 사나이가 돼가는 것 같다.　훈련 성적도 좋고 또 어떤 환경에서라도 적응이 되니 말이다.　사나이가

　숙이는 오빠가 소개하는, 현재 비록 말단 졸병이긴 하지만—이 친구가 졸라서가 아니라 나 스스로 둘이 사귀어 보았으면 해서다.

　당년 二十三세의 육군 일병 홍 만표.

　고향은 제주이며, H대학을 三년 수료하고 군문에 들어온 독실한 크리스챤이다.

　서울이 고향인 나보담 산 (山)에 대해선 도사 (?) 가 되다시피한 一급 알파니스트—쿨론 등산이 취미.

　나하곤 훈련소에서 만났지만 어느 친구 못지않게 흉금을 털어놓고 대화를 나누는 사이다.

　내가 만약 여자라면 이런 친구 두 말없이 붙잡겠다야……. 하하 !

　인물좋고 건강하고 박력있고—이하는 생략. 한턱 얻어 먹고 그러

는 게 아니야. 동생을 감히 소개해 줄 수 있다면 짐작이 가지 않니?

하여튼 오빠의 의도에 맹종은 원치 않으나 곰곰 생각끝에 영단을 내린 것이니 알아서 선처하길 바란다.

다음 회신에 가부를 알려다오. 건강하여라.

✱ 상용(공무) 편지

이 편지는 영업상의 용무를 전하는데 목적이 있으므로 군두더기는 붙이지 말고 압축된 문형(文型)으로 선명하고 정확하게 쓰도록 한다. 가장 비중이 큰 부분에 언더라인을 해두는 것도 무난한다.

이 상용문에서 금액을—숫자를 표시할 때는 반드시 一(壹) 二(貳) 三(參) 등으로 표시하고 말미에는 정(整)을 정히 붙여야 한다.

금액을 지우거나 정정하는 것은 무식의 소치이다.

○ 상용(공무) 예문

── 명문서림 강사장 귀하

전략(前略)하고,

강사장이 송금해 주신 일금 삼십만(一金 參拾萬)원 정(整)은 그저께(十二일) 받았읍니다.

항상 신용 제일주의를 모토로하는 명문서림에 마음 든든한 바 있어 본사(本社)로선 양서출판에 가일층 박차를 가(加)하고 있읍니다.

이번에 저희 회사 三돌 기념으로「새 시대의 기수」라는 전작 三권을 선보이게 되었으니 매절(買切)할 의사가 있으시면 연락 주십시오.

전국 도처에서 주문이 쇄도하고 있으니 절품전에 선처를 바랍니다.

끊임없는 지도 편달을 바라며, 귀점(貴店)의 번창을 앙망합니다.

* 팬 레터(Fan letter)

영화배우, 가수, 운동선수등 인기 직업인에게 보내는 편지이다. 팬 레터는 자기가 좋아하는 사람에게만 보내는 것이 특징이나 인기인들은 많은 개개인(팬)에게 일일이 회신을 주지 못함에 각오는 해야 한다.

인기인이라고 해서 지나친 사생활 침입이나 친구 대하듯 하면 실례가 된다.

다만 「이런 방향으로 해 주오」라는 격(格)의 진정어린 조언이나 충고는 애교로 통용된다.

너무 조잡하게 길게 쓰지 말고 더 한층의 노력을 당부해두는 것이 의미가 깊다.

○ 팬 레터 예문

—— 가수 ○○씨께

안녕하세요.

인기의 정상만을 달리고 있는 ○○씨의 열렬한 팬 중의 한 사람이에요.

굳이 제 자신을 말씀드린다면 ××여고 三년생—전주가 제 고향으로 서울로 온 지는 三년이 되나 봐요.

○○씨

시내 S회관에서 지난 주일에 리사이틀을 가졌을 때, 선풍적인 인기를 모은 고풍어린 춤과 서구식 춤으로 매력적인 ○○가수의 위치를 더 한층 공고히 하지 않았나 생각돼요.

물론 노력하고 배우고자 애쓰시는 ○○씨의 숨은 노력은 세상이 다 아는 일이지만 이젠 건강에도 신경을 써야 될 것 같아요.

참, 하마터면 잊을 뻔했어요. 행복의 미로라는 레코드 취입은 언제쯤 끝나는지 주위에선 벌써부터 호평이 대단해요.

계속 좋은 노래 많이 불러 주시고,

금년 한 해도 ○○가수의 해가 되도록 옳심껏 성원을 보내겠어요.

마지막 부탁 하나—「아리랑 아씨」를 나만이 들을 수 있도록 불러 주세요. 아리랑 사랑 열기 속에 이 밤은 엻글어 가는데……

그럼, 또 뵙겠어요.

안ㅡ녕.

* 초대 편지

초대 편지는 그 초대 모임의 취지, 목적, 때, 장소, 기타를 명확하게 써야 한다.

단풍놀이나 꽃맞이 또는 영화, 연주회, 음악회, 칵테일 파티, 사은회, 출판기념회 같은 곳에 초대, 초청할 경우는 위에서 말한 것은 물론 어디서 기다리겠다던가 어느 다방—역—집 등으로 시간상의 차질이 없도록 해야 한다.

덧붙여 이 모임에 빛내 줄 저명인사의 참석 여부를 밝히고, 가능하면 참석 내상자도 알려주는 게 좋다.

결혼 피로연의 초대는 신랑, 신부 연명으로 브내는 경우가 있다.

○ 초대 예문

── 연극 관람을 권유

퇴근·길에는 가을을 재촉하는 비가 내렸읍니다. 나뭇가지에 가을의 숨소리는 멎고 있읍니다만 웬지 구르몽의 시귀 (詩句) 가 어줍어져 차가운 겨울을 재촉해 보는 순간이기도 하였읍니다.

사무국장님께서 극단 산하 (山河) 가 주최하는 「기브츠의 처녀」를 관람할 수 있는 초대장 두 장을 주셨읍니다.

연극은 국민 학교 때, 지금은 일본에 계시지만 큰오빠를 따라서 참관에만 의의있는 연극을 지켜 본 것이 고작이었읍니다. 이선생님 께선 대학시절 이 방면에 조예가 깊었다는 걸 기억하고서 욕심 같습 니다만 함께 관람을 귀뜸해 봅니다.

잘은 모르나 이스라엘의 집단 농장이 성공리에 건설되기까지 유대 민족 개개인의 애환을 다룬 작품이라고 하는데 뭔가 느낌이 있을지 는 이선생님의 해설 여하에 달렸읍니다.

내주 토요일 저녁 七시 국립극장에서 공연합니다. 쾌히 응하여 주 시기 원합니다.

—— 결혼식 초대

근계 천고마비의 계절입니다.

국화 향기와 더불어 매사가 향긋하기만을 빌어마지 않습니다.

다름이 아니옵고 금번 조 승욱 박사님 부처의 중매로 한 유길군과 송 명숙양의 결혼이 결정되어 오는 十一월 五일에 결혼식을 올리게 되었읍니다.

이날 조찬(粗餐)으로 피로(披露)를 베풀고자 하오니 부디 참석해 즈시기를 간청하옵니다. 동일 오후 二시까지 워커힐 코스모스 볼룸 으로 왕림하시어 그 자리를 더욱 빛내어 주십시오.

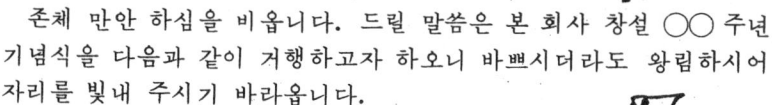

⊙ 기   타

기념식 초청장

국화 향기 그윽한 만추지절에

존체 만안 하심을 비옵니다. 드릴 말씀은 본 회사 창설 ○○ 주년
기념식을 다음과 같이 거행하고자 하오니 바쁘시더라도 왕림하시어
자리를 빛내 주시기 바라옵니다.

　　　때　×××　××
　　　곳　×××
　　　　　년　　월　　일
　　　　　×××사장 ×××

출판 기념회 초청장

　○○○박사 대망의 저술인 ××××이 때마침 새마을 운동의 열화
에 힘입어 출판케 되었읍니다.

　이에 조촐하나마 하룻저녁 자리를 함께 하고자 아래와 같이 ○○
선생의 참석을 바라오니 꼭 나와 주시기를 바랍니다.

　　　일시　○○○ ○○
　　　장소　○○○
　　　　　년　　월　　일
　　　　　발기인 ○○○

환갑 청첩 (還甲請牒)

　선생님께 공사 (公私)로 늘 많은 은덕을 입어 왔읍니다. 마음으로
는 선생님의 일이 잘 되어 나가기를 빌어왔읍니다마는 아무런 은혜

36

도 갚지 못했음을 죄송스러이 생각하고 있읍니다.

이번에 마침 저희 어머니께서 예순 한 살의 돐을 맞이하게 되었읍니다.

사람의 자식으로 태어나서, 이 영광스럽고 가장 정성스러운 날을 맞이하여 평소에 불효했던 자식들의 죄를 풀어 주십사고, 조촐한 잔치를 베풀고자하오니 그 자리를 선생님께서 빛내주시기 원 합니다.

아직 추위도 가시지를 못한 때이며, 나라와 집안 일들이 몹시 바쁘신 때이라 마음으로 송구(悚懼)스럽습니다마는 꼭 참석해 주신다면 저희 어머니를 위하여 저희 아들 딸들의 잊지못할 영광이 되올까 하옵니다.

　　　　서기　一九七五년
　　　　　　　　　二월　　일
　　　회갑주의　장남　김　찬
　　　　　　　　차남　김　영
　　　　　　　　장녀　김　희
　　　　　　　　차녀　김　○
　　　선생님 앞
　때 : 이월 스무 닷새 하오 三시
　곳 : 세검정 제일포도원 서편
　　　이층 양옥 김찬 집

남편 생일에 초대하며

영이 엄마 !
오늘 인편이 있어 몇 자 적어 보냅니다.
다름아니라 오는 一五일은 영준이 아빠 생일이에요.
별로 장만한 음식은 없지만 그 날이 마침 주말이고 하니 저녁 七시까지 내외분 함께 오시길 부탁해요. 이만.

稱　呼

─親族과 姻戚을 表現하는 말의 일컬음─

◆ 三黨의 稱呼

- ⊙ 父 黨 (父族)
- ⊙ 母 黨 (母族)
- ⊙ 妻 黨 (妻族)

38

一, 父   黨 (父族)

A : 自己의 祖父에 對한 稱呼는——할아버지, 할아버님, 또는 王父

B : 남의 祖父에 對한 稱呼는——祖父丈 또는 王大人

A : 自己의 祖父 死後의 稱呼는——돌아가신 할아버지, 先祖考 또는 先王考

B : 남의 祖父 死後의 稱呼는——先祖父丈 또는 先王考丈

A : 自己의 父親의 稱呼는——아버지, 아버님, 家大人, 家親, 老子, 父君, 嚴父, 家父, 家公, 家君, 家尊, 家嚴, 嚴親, 嚴君

B : 남의 父親의 稱呼는——春丈, 春父丈, 椿府丈, 椿堂, 椿庭 또는 家尊, 尊大人

A : 自己의 父親 死後의 稱呼는——先人, 亡父, 先代, 先世 또는 先公, 先父, 先君子, 先嚴, 先考, 王考

B : 남의 父親 死後의 稱呼는——先大父, 先君子, 先府君, 府君

A : 自己의 三寸의 稱呼는——三寸, 舍叔, 큰아버지, 伯父, 작은아버지, 季父, 또는 叔父

B : 남의 三寸에 對한 稱呼는——院丈, 伯父丈, 仲父丈 또는 季父丈

A : 自己의 三寸 死後의 稱呼는——先叔父, 先伯父, 先仲父 또는 先季父

B : 남의 三寸 死後의 稱呼는——先院丈, 先伯父丈, 先仲父丈 또는 先季父丈

A 自己의 兄의 稱呼는——형, 큰형, 愚兄, 작은형, 家兄, 舍兄

B : 남의 兄의 稱呼는——伯氏, 仲氏, 令兄

A 自己의 兄 死後의 稱呼는——先伯, 先仲, 先兄

B : 남의 兄 死後의 稱呼는——先伯氏丈, 先仲氏丈

A : 自己의 弟의 稱呼는——아우, 愚弟, 舍弟, 舍季, 叔季,

B : 남의 弟의 稱呼는――季氏, 弟氏, 叔氏, 令弟

A : 自己의 弟 死後의 稱呼는――亡弟

B : 남의 弟 死後의 稱呼는――先弟氏

A : 自己의 子의 稱呼는――아들, 家兒, 家豚, 豚犬, 豚兒, 愚豚

B : 남의 子의 稱呼는――子弟, 令胤, 賢胤, 令息, 令子, 允玉, 令郞, 賢郞

A : 自己의 女의 稱呼는――딸, 女, 女息

B : 남의 女의 稱呼는――令女, 令孃, 令愛, 令千金

A : 自己의 孫의 稱呼는――손자, 孫兒

B : 남의 孫의 稱呼는――令孫

A : 自己의 姪에 對한 稱呼는――姪兒, 舍姪

B : 남의 姪에 對한 稱呼는――令姪, 咸氏

A : 自己의 五寸叔에 對한 稱呼는――從叔, 堂叔

B : 남의 五寸叔에 對한 稱呼는――從叔丈, 堂叔丈

A : 自己 五寸叔 死後――先從叔, 先堂叔

B : 남 五寸叔 死後――先從院丈, 先從叔丈

A : 自己 五寸姪――從姪, 堂姪

B : 남 五寸姪――堂咸氏

A : 自己 四寸兄――從兄, 從氏

B : 남 四寸兄――從氏丈

A : 自己 四寸弟――從弟

B : 남 四寸弟――從弟氏

A : 自己의 祖父 兄弟는――從祖父

B : 남의 祖父 兄弟는――從祖父丈

A : 自己 兄弟 孫은――從孫

A : 自己의 六寸兄은――再從兄

B : 남의 六寸兄――再從氏

A : 自己 七寸叔은――再從叔

B : 남의 七寸叔――再從叔丈

A : 自己 七寸姪――再從姪

B：남 七寸姪——再從戚氏

A：自己 八寸兄——三從兄

B：남 八寸兄——三從氏

A：自己 八寸弟——三從弟

B：남 八寸弟——三從 (弟) 氏

A：自己 八寸祖——三從祖

B：남 八寸祖——三從祖父丈

A：自己 八寸孫——三從孫

A：自己 九寸叔——三從叔

B：남의 九寸叔——三從叔丈

A：自己 九寸姪——三從姪

B：남의 九寸姪——三從戚氏

A：自己 十寸兄——四從兄

B：남의 十寸兄——四從氏

A：自己 十寸弟——四從弟

B：남의 十寸弟——四從氏

A：自己 十寸祖——四從祖

B：남의 十寸祖——四從祖父丈

A：自己 十寸孫——四從孫

B：남의 十寸孫——四從孫

※ 自己의 十二寸 以上에 對한
　　稱呼는——族祖, 族叔, 族兄,
　　族姪, 族弟, 族孫이라함.

二, **母黨** (母族＝外親＝外戚) ＝

A：自己의 祖母의 稱呼는——할머니, 할머님, 祖母, 王母

B：남의 祖母의 稱呼는——王大夫人, 尊祖母

A：自己 祖母의 死後 稱呼는——祖妣, 先祖母

B：남의 祖母 死後는——先王大夫人, 先王母夫人

A：自己 母親의 稱呼는——어머니, 어머님, 慈親, 慈庭, 母親

B：남의 母親는 稱呼는——北堂, 慈堂, 萱堂, 大夫人, 老太太, 令母, 令大夫人, 令堂,

A：自己 母親의 死後——先妣, 先慈, 亡母

B：남의 母親 死後——先大夫人

A：自己 叔母의 稱呼——큰어머니, 큰어머님, 伯母, 仲母, 작은어머니, 작은어머님, 季母, 叔母

B：남의 叔母——尊伯夫人, 尊仲母夫人, 尊季母夫人

A：自己 姑母의 稱呼는——姑母

B：남의 姑母——尊姑母夫人

A：自己 嫂氏의 稱呼——兄嫂, 仲嫂, 季嫂

B：남의 嫂氏——嫂氏夫人

A：自己 姉妹의 稱呼는——姉氏……舍妹

B：남의 姉妹——令姉氏……令妹氏

A：自己의 外祖父, 母의 稱呼는——外祖父……外祖母

B：남의 外祖父, 母——尊外祖父丈……尊外祖母夫人

A：自己의 外三寸, 叔母의 稱呼——外叔, 表叔, 內舅, 舅父, 叔舅, 外叔母

B：남의 外三寸, 叔母——外叔, 表叔丈, 內舅丈……外叔母夫人, 舅母父人

A：自己 外從兄弟의 稱呼는——內從, 姑從……外從

B：남의 外從兄弟——姑從氏, 內從氏……外從氏

A：自己 姑母, 父의 稱呼——姑叔 姑母父……姑母

入：남의 姑母, 父——姑叔丈……姑母夫人
A：自己 姨叔, 父의 稱呼——姨叔, 姨母父……姨母
B：남의 姨母, 父는——姨叔丈……姨母夫人
A：自己 姨從兄弟——姨從
B：남의 姨從兄弟——嬪從氏

三, 妻 黨 (妻의 親族)

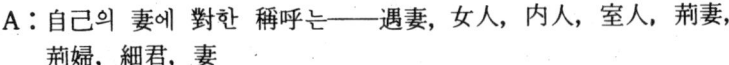

A：自己의 妻에 對한 稱呼는——愚妻, 女人, 内人, 室人, 荊妻,
　　荊婦, 細君, 妻
B：남의 妻에 對한 稱呼——尊閤, 令閤, 細君, 内室, 内君, 内相,
　　夫人, 賢閤, 令室, 令正, 令閤, 令政, 令夫人, 令閨,
A：自己의 丈人, 丈母——嫂父, 婦公, 丈人, 婦父, 外舅……嫂母,
　　岳母, 外姑
B：남의 丈人, 丈母——岳丈, 嫂丈……岳母夫人
A：自己의 査爲의 稱呼——嬌客, 婿(女婿), 女情
B：남의 査爲——令婿, 愛婿, 玉潤, 婿郎

※ 鄉黨의 稱呼

※ 弟子가 先生에 對한 自己의 稱呼는——門生, 門下生, 門弟生,
　　門人, 門下, 門從, 門子, 門弟(저) 라 한다.
※ 尊丈에 對한 自己의 稱呼는——侍生, 小人, 小子, 小生, 記下
　　生(저) 라한다.
※ 平交間의 稱呼——兄, 兄氏, 仁兄, 學兄, 弟, 愚弟(저) 라 한
　　다.
※ 弟라고 쓰기 困難한 자리에 對한 自己의 稱呼는……記下, (저)
　　한다.
※ 極尊貴한 分에게 對한 自己의 稱呼는……恤下生, (저) 라 한다.

제 2 장 예절의 편지

가정 편지투

- ⊙ 숙부님 보옵소서
- ⊙ 조카 읽어라
- ⊙ 오빠에게 띄우며
- ⊙ 장인께 올리는 편지
- ⊙ 형수님께
- ⊙ 외숙님 전상서
- ⊙ 시험에 낙방한 동생에게
- ⊙ 다시금 이 목마른 정을
- ⊙ 0시에 주는 글
- ⊙ 조부님 전상서
- ⊙ 손자 살펴라

- ⊙ 어머님께 드리며
- ⊙ 아들에게
- ⊙ 형님에게
- ⊙ 아버님 전상서
- ⊙ 당숙이 조카에게
- ⊙ 출장중인 남편을 그리며
- ⊙ 인·신 두어린 아들에게
- ⊙ 객지에 계신 아빠께
- ⊙ 출가한 딸에게
- ⊙ 아내에게 사랑의 마음을

숙부님 보옵소서

지리한 장마와 함께 여름은 가버리고 조석으로 제법 선선한 바람이 일고 있군요.

그간도 숙부님 안녕하시며 숙모님도 여전하온지요.

일남이, 삼남이도 학교 생활에 충실하며 요즈음은 숙부님의 속을 썩이지 않는지 궁금한 마음 그지없읍니다.

숙부님의 염려해주신 덕택으로 공장생활에 애로없이 성실하게 근무하고 있읍니다. 한 달쯤 되면 ××에 있는 제二공장으로 파견될 것 같기에 더 열심히 기술 연마에 박차를 가하고 있읍니다. 아마도 승진할 수 기회가 왔다고 생각됩니다.

금년 휴가는 꼭 숙부님이 경영하시는 ○○농원으로 일정을 짜놓았읍니다.

좀은 귀찮더라도 승낙하여 주시기 바라며 할말 부족하나 이내 댁내 안녕을 빕니다.

조카 읽어라

보내준 편지 잘 받았다.

집안의 모두가 안녕하다니 다행이다.

요즈음 삼촌은 농촌 계몽에 나섰기 때문에 시간 가는 줄을 모르고 지낸다.

유사 이래 처음있는 새마을 운동에, 이 잘살기 운동에 적극 참여하고 있는 농민들을 볼때 가난에의 탈피는 매우 고무적이다.

새마을 운동은 너도 잘 알다시피 농촌에서만 하는 것이 아니라 도시에서도 도시대로의 할 일이 있으니 젊음의 기동력을 발휘하여 기필코 금년도 목표 달성에 서광을 비춰야겠다.

국가시책이 뒷받침을 했지만 근황의 농촌은 변모를 일신하여 움직이는, 서로 도우는, 지혜를 짜내는 마음가짐으로 남녀노소 할것 없이 누구나가 이 성스러운 대열에 자진 참여하고 있다.

아뭏든 삼촌이 새마을 지도자라고 해서 그러는 것이 아닌 줄 잘 알고 있겠지.

그리고 한 가지, 매일 새벽에 우유를 마시고 남산에 오르는 것을 기계적으로 하라는 할머님의 간곡한 당부가 계셨다.

잊지 않고 실천에 옮기도록 바라면서 틈나는 대로 소식다오.

너의 몸 건강을 빌면서 이만 그친다.

오빠에게 띄우며

오빠. 그간도 안녕하신지요.

본격적인 성하시절로 접어드니 뜨락의 라일락 향기가 불현듯 그리워집니다.

언니께서도 별고 없는지, 오빠. 시집살이라는 것이 고추보다 맵다는 그 한 마디를 실감나게 만끽(?)하고 있어요.

출가 전만 하더라도 집안의 독무대를 이루던 말괄량이 제가 불과 몇 달 사이에 인간개조가 되었어요.

자타가 공인하는 얌전한 새색시로ー.

새장에 갇힌 잉꼬부부는 그래도 낳은 것 같아요. 자기들만의 시간을, 사랑을 할 수 있으니 말예요.

불행중 다행이랄까 시어머님께선 항상 저의 편에 서서 대변해 주는데 문제는 시누이에요. 저도 시누이노릇 해 보았지만 정말 지나친 것 같아요. 같은 여자끼리 그럴 수가 있을지……아침 설겆이 하다 말고 생각나서 써 본 것입니다.

원채 말이 없는 강서방이라 때로는 미운 생각도 들어요. 누구보고 시집온건데 묵비권만 행사하는지 그렇 잖아요, 오빠.

하기야 그이 만큼 좋은 분도 없다고 생각은 하지만ーーー.

며칠 뒤에 틈을 봐서 그이와 함께 오빠댁에 방문 하겠어요. 언니께도 잘 말씀 드리세요.

오빠 가정에 신의 가호가 있길 빕니다.

장인께 올리는 편지

×××전 상서

신년 후 오래 문후를 못하와 죄송한 마음 견줄데 없사오며 일기 불순하온데 옥체후 일향 만강 하옵시고 빙모님 역시 기력이 강녕하신지 참으로 궁금하옵니다.

처남 형제의 사업에도 경기는 좋은지 성의 부족의 소치로 감히 말문을 열 수 없는 것이옵니다.

이곳 시생은 만사 순조로웁고 집사람도 무사하니 염려 놓으시기 바라옵니다.

한식 때나 찾아 뵙겠음으로 몇 말씀 올려 문후를 대신하옵니다.

형수님께

형수님
구슬땀이 제철이나 만난 듯한 이때
내외분께서 평안하시며 조카들도 잘 있는지 염려됩니다.
이곳 시동생은 무사하니 조금도 걱정마십시오.
지난 달에 특별 보너스를 타서 마음 내킨김에 대단치는 않으나 형수님 몸매에 잘 어울릴 수영복 한벌을 사서 소포로 보내니 해수욕할 때 유용해 주시기를 바랍니다.

혹시 색깔이 맘에 안들지라도 널리 살피시길 앙망하고 만나 뵈올 그 날까지 안녕히 계십시오.

48

외숙님 전상서

외조모님 회갑 때 뵈온 이래로 이제야 문안드리니 죄송한 마음 금할 수 없읍니다.

요즈음 혹독한 추위에 외숙님 안녕하시며 합내제절이 균안하온지 궁금 답답합니다.

생질은 외숙님의 보살핌으로 매사가 탄탄대로로 진군 하여지고 있으며 어머님께서도 평안하십니다.

이번 방학 때는 외숙님 댁에서 며칠 쉴까하오니 그리 아십시오.

난필 대강 줄이오며 기체 후 만안을 비옵니다.

시험에 낙방한 동생에게

철이야.

오늘에서야 네가 지망한 학교에 뜻대로 되지 않았다는 것을 알았다.

하숙방에서 홀로 낙심을 하고 있을 너를 생각한다면 금새라도 달려가서 위로라고 하고 싶지만 그나마 연말이 돼서 어쩔 수가 없구나.

새삼스레 말할 것도 없지만 학교 자체가 인생의 전부가 아니요, 공부 자체가 인생의 목적이 될 수는 없는 것이잖아.

실력 닿는대로 아무런 학교면 어때, 자기 적성을 살릴 수 있는 학교에서 열심히 하게되면 누구 못지않은 사회적인 인물이 되는 거야.

실패라는 것이 성공의 어머니라고 한다면, 칠전팔기의 유명한 닉슨 대통령이 그 표본 인물이 되겠지.

닉슨 대통령이 명문학교 출신이 아니란 것을 너도 잘 알 테지.

심지어 경제 대국으로 위력을 과시하는 일본의 다나까 수상으로 말하게 되면 국민학교 졸업 정도의 학벌이 고작인 정치가야.

가능하면 진학은──할 수 있는 한 배우는 것이 바람직하지만 그것이, 흔히 말하는 출세 가도의 지름길은 아니야.

우선 二차학교에 응시하고, 그것이 여의치 못하거나 도저히 맘에 들지 않을 때는 다른 방향으로 새 출발을 하는 것도 괜찮다고 누나는 굳게 믿는다.

다음에 또 모든게 귀찮다고 생각되면 모두모두를 훌훌 털어버리고 군문에 뛰어드는 것도 괜찮아. 모름지기 사-내로선 병역의무를 마쳐야 하니까 말야. 몇 년 뒤에 너의 인생관은 틀림없이 설정될 것이니 생각해 볼만해.

너도 기억하고 있겠지만 누나도 아나운서 시험에 두 번 낙방한 경력이 있잖아, 그렇다고 해서 비관하거나 절망 같은 걸 나의 얼굴을 통해서 읽을 수 없었을 거야.

바로 그런 정신이 필요해.

부질없는 고집이나 순간적인 과오로 자신을 당치지 말고 소신대로 살아가는 것이 현명한거야.

그때 누나는 비록 고배는 마셨지만 지금 몸담고 있는 이 고아원은 백배 천배의 보람을 안겨주고 있어.

만약 그 당시 아나운서가 되어서 ○○방송국에 근무한다치면 나 하나로서의 임무만 마치면 그뿐이야. 하지만 이 고아원에서의 나의 위치란──상상에 맡기겠어, 버림받은 저네들에게서 내가 멀어진다고 생각해 보렴.

결코 나 없는 방송국과 고아원을 견줄 때 오히려 그 때의 낙방이 있었기에 오늘이 있다는 것을 부인할 수 없잖아.

계집애처럼 옹졸하게 외곬로만 빠지지 말고 사나이다운, 젊은이다운 웅지의 나래를 펴 다오.

오늘의 쓰라림을 발판으로 내일에의 창조자가 돼주길 진심으로 바란다.

방안에만 있기가 뭣하면 서너 시간이면 이 곳에 올 수 있으니 울적한 마음 달랠 겸 오도록 하여라. 기다리고 있겠다.

　　　　　　　몇 날이나마 몸조심 하기를

다시금 이 목마른 정을
—형께 드리는 글—

어설픈 인사말은 약하기로 했읍니다.

벌써 대학 들어간다고 공부하는 형의 동생 (지극히, 자랑스런 표현) 인 나의 그 일성은 그동안 잘 있었는지요?——그냥 이렇게 말할수 밖에 없었읍니다.

결코 가벼운 인사말이 아니란 것을 강조해 둡니다. 수십번의 퇴고 끝에 결정된 표현이니까요. 형께 너무 무관심 (?) 하였던 일에 용서 바랍니다. 너그러움이 앞설 형께 용서 운운 그 자체가 죄를 범하고 있다는 것을 잘 압니다만.

정말 「회포」로써 형께 서신을 띄우게 됨은 아마도 난생 처음인것 같습니다.

적어도 나에게는—함께 형에게로—「아웃 옵 싸잇, 아웃 옵 마인 드」〈Out of sight, Out of mind〉란 당치도 않은 소리입니다.

솔직히 말씀드려 편지라고 쓰기는 열 수 번도 더 썼읍니다만 쓰고 나서 읽어보고 또 읽어 보고 하노라면 「회의(懷疑)와 함께 그냥 노 ─트 속에 갈무리 되고─정말 십 수 번이었읍니다.

필요 없는 변명은—진정한 변명은 진실 입니다—그만 두고 저와 형 이야기나 하죠.

새학기라 한창 바쁘리라 여깁니다. 더구나 형의 그 인테릭한 모습 과 ××여고생, 사무실 위치 따위의 삼각관계 (?)를 생각, 할라치면 참으로 눈에 선합니다. 형과 몇 수년간을 희로애락을 함께하면서 커 다란 감회를 받았던 일과, 진정코 저의 짧디짧은 「삶」속에서 형께 쏟았던 정 (情)의 1/4만이라도 주었던 사람은 아직 없었다고……제 기랄 필요없는 눈물은.

형!

그리고 바라건데 형은 3년전 처음 ××로 내려 가실 때 흘렸던 눈물의 그 양만큼의 정으로써 여전히……하란 말입니다.

　형! 스스로가 고뇌(苦惱)하여야 하는 자(者)임을 자인(自認)하고 스스로의 실존(實存)과 혹은 허무주의 운운하는—어쩌면 그것은 허영일 듯합니다—그런 유(類)의 삶보다는 형의 정을, 그러했던 때를 시방도 제 의지(意志)에 의하여 저를 아껴주는 형을 맘대로 만나볼 수 있음을 기뻐합니다.

　아마도 괴테나 니이체는 최고의 천재들로서 그러한 삶에 훨씬 우위를 둔 것임을 확언했읍니다.

　형!

　아직 저는 형만은 그래도 끝내 스스로의 삶에 성실(誠實)하기 위하여 노력 했음을 믿어 의심치 않습니다. 그렇기에 거기에서 저의 오만(傲慢) 위에 형과의 관계가 존재함을 느끼고 있습니다. 하지만 이런 것이 무슨 필요가 있겠읍니까만.

　불필요한 이야기로 괜스리 열을 올린 것 같습니다.

　지금 옆에서 울리고 있는 팝송 탓일듯 합니다.

　합격이 된다면—. S대 인문계열에, 구체적으로 독문학을 전공하고 싶습니다. 형께 가서 마음껏 이야기도 나누고 아니 이야기는 관두고 다만, 다만 가고 싶습니다.

　형과 이렇게 매어 있다는 것!—그것으로서 만족입니다.

　저에겐 문제가 문제인만큼 대학 선택에 대해서 형의 고견을 곁들어 주셨으면 합니다. 그러나 현싯점에선 독문학이나 철학등 일체의 학문에 저의 생을 아낌없이 바치리라는 것이 지배적이긴 합니다.

　그러니 직업은 자연스럽게 그런 분야인 대학교수가 제격이 아닐런지요?

　××소식 무척 궁금합니다. 할머니들께 물어 대강은 알고 있읍니다.

　언젠가 형이 지적하셨다시피 저는 필재(筆才)와는 담을 쌓은 것 같습니다. 이 모든 점 널리 성찰하시어 가능하면 답장주시기 바랍니다. 무작정 써 내려간 듯 깊은 이 편지는 15분동안 정성을 쏟은 것입니다. 초고 그대로 송부하는 저의 결심에 행여나 예를 차리지 못했더라도 무조건 이해를 바랍니다. 그럼 내내 안녕을 빌면서 이만 필을 놓겠읍니다.

〈註〉: Out of sight, Out of mind 는 헤어지면 마음조차 멀어진다는 뜻이다.

75. 4월 어느날에
일성 드림

0시에 주는 글
―찬란한 슬픔은 저멀리―
살아 본다는 것, 그것은 곧 투쟁이다.
오로지 이 투쟁만이 나에겐 절박할따름 다른 것은 부차적인 문제이다.

천신만고(?) 끝에 접수된 너의 감명깊은 글에 차마 형으로선 말하기 쑥스럽지만 용서를 빌 뿐이다.
못난 형도 형임에는 틀림없을 테니까.

지난 여름 방학을 통한 며칠의 동거가 고작이었지만 육체적이나 정신적, 어느모로 보나 조숙한 것이 확실한 너를 보고서 일말의 든든함을 체득하면서도 한편으론 어릴 때 조숙한 사람이 걸 늙는다는 말이 있어 쬐그만 근심이 없잖아 있기도 하다. 그때부터 너에 대해서 한번 생각을 두 세 번으로 고쳐서 생각하는 습성을 이 순간까지 갖고 있음을 고백하는 바이다.

장하다!

그리고 고맙다. —누구의 동생이런가…

거슬러 올라 언젠가 그 옛날 왜 그토록 사나이의 진한 눈물을, 그것도 어린 동생 앞에서 흘렸단 말인가?

이 역시 부끄러운 소치 (所致) 리라. 하지만 인간이란 원래 감정의 동물이라는 것—. 그래서 극히 슬플 때라던가 기쁠 때 억제할 수 없는 그런 격정의 진수(眞髓)가 보이는 듯하다. 그 진가에 관해선 너와 나만의 영원할 숙제로 남겨둠이 운치가 있어 좋을듯 싶구나.

대망의 고 3!

결전을 앞둔 전사처럼 유일한 신앙은 승리—그 월계관만이 전부라 해도 과언이 아닌 사명감의 투사를 우선 격려 해 본다. 그 투사가 의리를 잊지 않았다면 못난 형에게나마 아낌없이 바칠 수 있는 것은 「타케트」의 과녁을 맞추는 그것이 아니겠느냐.

이 벅찬 타케트의 명중을 너의 명석할 두뇌와 치밀한 작전으로 일관한다면 아무리 명문 S대라지만 행운의 여신은 너의 편이라고 확신한다.

그러나 꼭 집고 넘어 갈 것은 중단없는, 그 매서운 「끈기」를 항시 염두에 두란 얘기다. 이 끈기라는 복병이 도사리고 있으니 지혜 를 짜도록 하려므나.

독문학이나 철학.

사실 이 분야는 쉬운 학문 같으면서도 가장 어려운 학문이 아닐 수 없다.

물론 문학적인 소양이나 사색적인 너의 내면을 응시할 때 안심은 되나. 원체 난제가 많음에 중지를 모아주길 바란다.

정승도 제가 마다하면 할 수 없는 법.

아무리 유능한 엔지니어나 비지네스·멘 또는 법조인이 되라고 권고(勸告)해 본들 요는 자기가 하고 싶은 전공이어야 의욕과 진취성이 생기게 마련이니 무리한 요구는 않겠다.

이런 편의상 해석으로 「스스로 알아서 하라」는 식의 수수방관이나 침묵은 결론적으로 무책임일 성싶어 나로선 가급적이면 현실적인 방향 설정을—다시 말해 법학이나 영문학을 선택했으면 한다.

순수 문학이나 철학 같은 고차적인 학문은 자칫하면 현실을 외면하는 경향이 많으므로 영리한 사람일수록 「유토피아」적 (的) 인 흐름에 편승 (?) 하기 쉽상이지.

너도 잘 알다시피 우리는, 적어도 우리 가문의 재건을 위해서 너무나 할 일이 많기 때문에 진로 문제를 신중히 결정하도록 비란다.

어쨌든 고지부터 점령하고 나서 대처하여도 늦지는 않으리. 우리나라 학생이 자기 전공을 살려 사회 분야에 몸 담는 프로테지는 절대적일 수 없기에 우리 대학생 특유의 한국적 비애 (悲哀) 가 있다고 생각든다.

한가지 덧붙이고 싶은 것은 인생노정 (人生路程) 은 장거리이지 단거리는 아니니까 결국 장거리 선수가 최후에 웃을 수 있는 자가 되는 셈이지. 이런 면에선 철학이나 그 유사 학문에 심취되어 소아를 펴나 대아(大我)의 굵은 선을 밟는 것도 소망스럽다고 볼 수 있지. 오늘날 물질 문명의 분수대를 이룬 선진국의 지성인들이 도덕관념, 윤리, 선 (禪) 사상등 동양철학에 관심을 기울이고 있다는 사실은 무엇을 시사하는 건가.

두말할 것 없이 물질주의에서 필연적으로 파생된 정식적인 타락 이기적인 풍조, 문명의 이기로 인한 휴메니즘의 고갈이 자연 (?) 에로의 복지를 갈망케 하는듯하다.

형이상적학이냐 형이하학적이냐 하는 갈림길에서 뭇 지식인들이 번민하고 있지만, 요는 현실과 이상의 타협이 어느 선에서 절충되느냐 함이 고민거리지. 더구나 생활이란 것이 클로즈업 되었을 때 현실을 외면할 수만 있을까…. 이런 괴리 (乖離) 로 해서 대철학가나 위대한 사상가가 이따금 배출되기도 하지만 우리의 위치와 환경을 감안할 때 너의 뜻에 선뜻 동참하기 어렵다는 것이 그 소이이다.

끊임없는 자기 질책과 탐구, 번뇌가 수반되어야함이 자명하지만 난처한 것은 권력과 금력에 초연할 수 있는 그런 존경받을 수 있는 스승이 될 수 있을까를 생각해봐야 한다.

　도덕과 인간애는 타락되고 배금사상은 날로 고조 물질만능 주의적인 이 혼탁한—정의보다는 불의가 만연한 조리보다는 부조리가 세파에 「고고한 자기정립이 가능할까」라는 기우(杞憂)가 단순히 기우로만 그쳤으면 좋으련만……. 내가 설 땅이 어드메냐고 반문하면 어쩌랴.

　그러나 내 말은 현실에 너무 집착하라는 것은 결코 아니다. 젊은이는 젊은이답게 제나름의 이상을 가져야하며 꿈을 먹고 산다는 어느 하이틴의 부르짖음 처럼 웅지(雄志)의 나래를 펴는 것이 바람직하다.

　사실 나의 연령으로서 인생을 들먹인다는 것은 어색하지만 길고 긴 인생여정에서 젊은 시절에 그 야심마저 응고 된다면 차라리 인간 사표를 쓰는게 현명하다고 본다. 세월이 흐르면 저절로 자애 자중하게 될 뿐더러 비젼의 수정도 불가피 하다는 것을 깨닫게되므로 그 황금같은 시기에 있어서 소심은 절대금물이리라—. 비록 내일 지구의 종말이 올지라도 오늘 한그루의 사과 나무를 심어 보는 그런 자세가 필요하다는 게지.

　성실(誠実)과 정도(正道)!
　두 단어는 나의 좌우명이자 생활신조이다. 내가 살아오면서 이 노선에 이탈한 적은 별로 없었다고 자부한다. 이런 점에선 주접스럽지만 긍지를 갖고 있음을 귀뜸해 둔다. 형의 체면은 오직 여기서만 실존하기에—.

　인간의 정이란 것—
　참으로 꼴똘히 생각하고픈 말이다.
　제아무리 입신출세로 명성을 떨친다 하더라도 정신적인 바탕이 결여 되었다면 무의미 하다고 단정하는 바이다. 정신적인 결여는 철학이 빈곤하다는 말과도 일맥 상통하는 것이지. 한 인간의 일생 일대의 참 가치는 「관 뚜껑을 덮어봐야 안다」는 통속적이면서도 함축성 있는 말처럼—. 그 뜻을 깊이 새겨 두길 바란다.

못다 한 너에게 대한 정, 이 정을 깊게 그리고 넓게 받아 들여다고. 어찌 다시금 생각노라면 여기에 퇴색이 있으랴. 고인(故人)이 된 조모님으로 부터 너와나는 유별난 사랑을 받았다는 점과 너의 출생지가 한(恨) 맺힌 ××골 이란점, 서로가 정도의 차이는 있지만 기수(旗手)란 점등 공동은명체적인 핏줄이기에 더더욱 정이란 것을 감지하고 있음에랴.

그렇지. 「아웃 옵 싸잇, 아웃 옵 마인드」는 당치도 않은 소리! 다만 기약된 내일의 전진을 위해 잠시 무대를 옮겼을 따름 그 무엇이 있겠다.

싸늘한 밤 공기
○시를 좀 지났다.
○이란 무어냐— 무한한 가능성을 갖고 있는 매력있는 숫자가 아닌가. 그래서 ○시에 쓰그 있는 너와 나의 전갈은 폭을 넓혀야 되나니 조급을 피하고 착실한 성장을 해보자. 나의 길은 "경제"를 의식하지 않을수 없는 현실적인 너무나 현실적인 코―스.

이 코―스를 현재로선 무리없이 딛으련다. 우선 서로 제각기 다른 방향에서 삶을 설계하는 것이 이상적이며, 나의 바램이기도 하다.

깊은 밤! 아쉬움이 감도는 이밤에도 좋은 꿈 꾸어주길 기원하며.
아―듀 아―듀여.

75. 4. 9.
××에서 형이

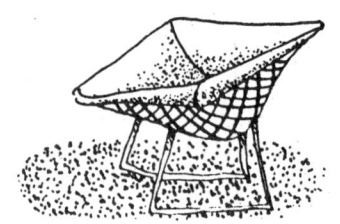

조부님전 상서

조부님의 슬하를 떠나 온 지 두어 달이 된 것 같사옵니다.

그 동안도 편안하옵시며 가내도 두루 균안하온지요.

차일 피일 하다가 이제서야 글월 올리게 됨을 용서해 주시기 바라옵니다.

모든 것이 궁금하기 이를데 없사오나 조부님이 계신다고 미루어 생각하노라면 마음 든든한 바 있사옵니다.

버릇없는 손자 녀석이 또 놀려대는 구나 하고 말씀하실지 모르나 마음에 없는 얘기는 죽어도 할 줄 모르는 제가 아니옵니까.

보름 뒤엔 ○○은행에 취직 될 것이 확실시 되고 있옵니다. 남은 시험이 면접인데 까짓것은 누워서 떡먹깁니다.

저희 고등 학교에서 무려 팔십여 명이 응시했으나 一, 二차 합격자는 십여명에 불과합니다.

진학 문제는 직장 관계를 고려해서 六개월 후에 말씀 드리겠옵니다.

항상 어릿광만 부리던 ○○이가 내달부턴 매월 五천원씩 조부님 용돈 몫으로 송금 하겠사오니 꼭 받아주시기 원합니다.

드릴 말씀 태산같으오나 다음으로 미루면서 조부님의 옥체 만강을 비옵니다.

×월 ×일

손자 ○○상서

58

손자 살펴라

—인색한 인간이 안 되길—

너희가 집을 떠난 이래로 온 집안이 쓸쓸하기 비할 데 없던차 금일 네 글이 도착해 기쁘기 한량없다.

이번에 그토록 경쟁에 심한 ✕은행 시험에서 실력을 십분 발휘했다니 과연 이 할애비의 손자 녀석임에는 의심할 바 없다.

자칫하면 그 나이에 자만하기 쉬우니 덕있는 사람이 되도록 더 열심껏 노력하길 바란다.

그리고, 할애비 생각은 조금도 말고 부지런히 저축하여 큰 일과 좋은 일에 금전을 쓸 수 있도록 하여라.

젊을 때는 너무 인색하게 굴어도 사나이답지 않으니, 때와 장소를 가려서 돈을 버는 것도 중요하지만 잘 쓸 줄 아는 것이 더 중요하므로 지혜롭게 행동하기 바란다.

아직은 아쉬운 것이 갚을테니 내, 모레 상경하는 너희 당숙편으로 ✕만원을 보내겠으니 필요한 곳에 쓰도록 해라.

매사에 침착하길 바라면서 이만 쓰겠다.

고르지 못한 일기에 몸 건강하여라.

✕월 ✕일

조부 서

어머님께 드리며

만물이 소생하는 봄철을 맞아 어머님 기체후 일향만강 하시며 어린 동생들도 무고한지 궁금합니다.

어머님과 작별한 그날부터 이거리 저거리를 헤매다가, 다행히 학교시절의 친구를 만나게 되어 친구 아버님이 경영하는 회사에 취직하여, 아무런 걱정없이 잘 지내고 있읍니다.

언제나 말썽꾸러기로 이름을 대신하던 저였지만 이제 나이도 나이거니와 집안의 장손으로 막중한 책임감을 느끼면서 새로운 출발을 각오한 것입니다.

아버님 생전의 교훈을 되새기면서 제만은 피눈물나는 노력을 하고 있으니 어머니 께선 염려 놓으셔도 됩니다.

이달 말에는 아버님 제사도 있고 해서 하향하고자 하니 그렇게 아시고 동생 학비는 걱정하지 마십시오.

시간 관계상 이만 드리면서 기체만안을 축원합니다.

불효자 ○○ 올림

60

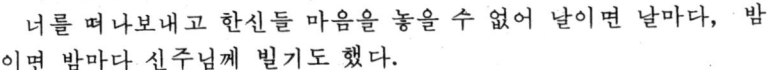

아들에게

—부끄럼 없는 기둥되길—

객지면식이 무사하다니 반갑구나.

너를 떠나보내고 한신들 마음을 놓을 수 없어 날이면 날마다, 밤이면 밤마다 신주님께 빌기도 했다.

이제 하기 힘든 취직도 됐으니 너무 방종하지 말고 주경 야독으로 집안의 기둥됨에 부끄럼 없도록 애미는 당부한다.

올 네 아버지 기일은 무척 근심이 되던중 너의 편지로 그저 흐뭇하기만 하구나.

돌이와 분이도 네 편지 읽고 신나게 놀아나고 있다. 아직은 철이 없지만 그래도 큰 의지가 된단다. 너희 삼남매가 성가해서 지하에 잠든 고인의 유지를 받들어 사회에 훌륭한 역군이 돼 주길 욕심이나마 오매불망 기구한다.

객지에서 배고픔이 없도록 바라면서 내려올 그 때까지 몸조심 하거라.

애미 답서

형님에게

봄이 오는 소리에 가만가만 귀기울였읍니다. 매사가 따사롭고 분주하기만 합니다.

바야흐로 신학기를 맞이한 형님은 눈코 뜰 사이 없겠지만 동생이 전하는 서신마저 마다 할 수는 없겠기에 띄웁니다.

이곳은 별다른 일은 없읍니다만 어머니께서 이즈음 경제적인 사정으로 해서 신경쇠약 증세를 유발하여 편치를 못합니다.

형은 진학을 앞두고 공부로 인한 열기가 몸 전체에 스민 것 같고, 아우는 제가 할 일 스스로 찾아 충실하게 임하고 있는것 같습니다.

저는 ××고등학교에 추첨이 되어서 형님의 뒤를 잇게 되었읍니다.

처음엔 ××고교라 해서 참으로 실망했읍니다. 하지만 그 실망도 일순에 지나고 기쁨으로 변했읍니다. 형님의 모교라는 것을 뒤 늦게 알았기 때문입니다.

오늘이 역사적인 입학식날 이었는데 그 웅장한 석조건물이며 공부하기 알맞은 시설—모두 모두 맘에 들었읍니다.

중 3때 못다한 공부를, 다소 후회했던 그 시절을 생각하며 지금 이순간부터는 학교의 시설과 환경에 맘이끌려 분발과 최선을 다 할 작정입니다.

조그만 거짓도 없는 진실 그대로 임을 전하면서 이 기쁨을 함께 하여 주시길 바라며. 형님이 원하는 것처럼 더더욱 정진할 것입니다.

수면은 5~6시간으로 정하고 시간은 최대한으로 선용할 것입니다. 이 결과를 형님에게 자주 전할 마음입니다.

바쁘신 이 때에 건강을 빌면서 이만 펜을 놓겠읍니다.

종로에서
이익 올림

아버님전 상서

—시집은 제가 가는데—

아버님. 오늘은 봉급날이어서 세—타 한벌을 샀읍니다. 아버님의 마음에 드실지 심히 우려되나 나이드신 분에겐 밝은 색깔이 젊어보여서 좋습니다.

어머니께서 저녀석은 언제던지 저희 아빠밖에 모른다고 노발대발할지 모르지만 다음 달엔 어머니의 달이라고 전해주세요.

하기야 어머닌 남들 못지 않은 멋장이니까 뭐, 시시한 건 눈에 차지도 않을 테고 살짝… 고민이에요. 어머님 땜에——.

그건 그 정도로 덮어 놓고 중대한 말씀 드리겠어요.

지난 서신에 밝히신 혼담 문제인데요,

글쎄, 그런 남자가—좀더 정확히 말해서 저 한테 꼭 이상적인 적격자란 말씀인가요.

대충 제 친구들을 통해서 그 분의 학창시절이나 사회적인 활동을 들었읍니다만 냉큼 맘이 끌리지 않아요.

그렇다고 제가 사귀는 사람이 있어서 발뺌하는 건 아네요.

다만 너무 조급하게 서두리지 않으셔도 때가 되면 으례껏 짝을 맞으리라 생각돼요.

중매에 나선 박교수님과 아버님의 입장을 충분히 이해는 하지만 결혼이란 것은, 특히 여자에게 있어선 심중을 기해야 된다고 봐요.

분명히 말씀 드린다면 인품도, 학력도 재력도 그만하면 부족함이 없지만, 제가 찾는 상대방은 현재의 위치보다 장래에 무엇을 할 수 있는가를 —그런 인물을 선택 기준으로 삼고 있읍니다.

종합적인 인물평은 아닙니다만 끊고 맺는 그런 것이 그분에겐 찾아볼 수 없다고 스스로의 생각을 굳혔읍니다.

아버님의 딸 미옥이는 믿음직하고 박력있고 또……옳고 그름을 분명히 하는 선이 굵은 아빠 같은 남자를 원하는 거에요.

　여자의 치마폭에 놀아나는 유약한 남자는 싫어요. 꼼짝못하게 휘어잡는 억센 사나이가 오히려 호감이 갑니다.
　아버님의 섭섭함을 모를 리가 있겠어요.
　하지만―아빠, 시집은 제가 가는 것이잖아요. 미안해요.
　그럼 아버님, 다음 기회에 또 소식 전하겠읍니다.

딸 미옥 드림

당숙이 조카에게

　명. 읽어 보아라.
　네게서 온 편지가 책상 서랍에서 잠을 잔 지가 열흘이나 지났구나.
　답을 쓴다는 것이 미루다보니 늦었다.
　용서를 빈다느니보담 네게 자주 엽서라도 브내지 못했음이 부끄럽다.
　전선에서 늠름한 대한 남아다운 너의 모습을 그려보며 몇 자 적는다.
　우선 시야를 벗어나지 않는 하얀 산하로 온통 뒤덮인 병영을 그리며―
　이 곳 부산과는 너무나 차이가 많은 그 곳을 더듬어 보기엔 나의 영상이 초라하고 부족됨이 많다.
　다만 고지대의 차가운 바람과 눈보라 속에서 생활하는 너의 의지가 지난해를 보람과 희망 속으로 이끌었다니 장하다.
　하지만 새해에는 더욱 알찬 보람과 희망을 걸고 출발을 하자.
　매년 한 해를 보내고 나면 회한과 부족됨 속에서 부푼 꿈을 안고 새해를 맞는 것이 인간상정이 아니냐.

나에게 지난 한 해는 참으로 변모도 많았고 생을 배운 점 또한 많은 해였다.

그리고 인생은 체험과 경험만이 절실히 요망 된다는 것도 깊이 느껴졌다.

명 !

역시 너에게도 지난해는 변모가 많은 해였으리라 믿는다.

연륜이 쌓이면 쌓일수록 변모하는 시간을 선용하지 못했음이 안타깝게 느껴진다.

너도 올해는 더 시간을 아껴서 군무에 충실하기 바란다.

나도 노력하겠다.

아무쪼록 힘찬 삶을 살아가자.

금년은 더욱 보람있는 한 해가 되길 빌며 난필 줄인다.

너의 건승을 기원하며,

정초에 아제 씀

출장중인 남편을 그리며

여보. 창밖에는 겨우네 갈무리 되었던 봄의 소리가 들려오고 있읍니다.

당신이 떠나신지 오늘로 한 달째, 생각하면 너무 길고도 지리한 나날들이었읍니다. 꼭이나 일년 같은 시간의 장난일 성싶습니다.

봄이 오는 소리에 맘설레이는 처녀마냥 제 모든 것 한껏 부풀어 있읍니다. 어쩌면 오늘 당장이라도 당신이 올 것 같은 착각 속에서 말입니다.

객지에서 고생이 말이 아니겠죠.

마산이 바닷바람이 때로는 당신에게 좋은 벗이 돼 줄것을 익히 알고는 있읍니다. 그렇다고 찬바람 너무 쐬시면 감기 걸리기 쉬우니 건강에 세심한 신경을 써 주세요.

당신이 떠난 이튿날부터 순영이가 시름시름 앓더니 끝내는 병원 신세까지 지고 말았읍니다. 유행성 감기였기에 다행이었지 아빠는 없고 어린것은 아파 보채고, 당신 생각이 그렇게 간절할 수가 없읍니다. 아빠 없는 자식들이 얼마나 가엾을까 하면서 뚱딴지 같은 생각을 더러는 해 봤읍니다.

신나게 코를 골고 있는 순영이 곁에서 잠시 글을 멈추고 사진첩에 담긴 당신의 모습모습들을 하나라도 놓칠세라 알뜰히 더듬고 있읍니다. 밤마다 그리워지는 당신이 그 당신이 안 계시는 세상이라면 저는 존재하지 못할 것 같습니다. 정말 당신 없는 세상은 상상할 수 없어요.

어쩌면 당신은 저라는 나약한 한 여인을 위해서 이 세상을 태어나신 것 같습니다.

어린 순영이가 엄마—하고 잘 돌지 않는 혀를 놀릴 때 어머니로서의 뿌듯함과 그리고 당신 아내로서의 자랑스럼이 전신을 마비시켜 주곤 하는 황홀감에 젖어 있읍니다.

사랑해요. 당신의 모든 모든 것을 말예요.

분명한 부탁 한 말씀— -

출장중에 남자들은 혼ㅎ 그 외도라던가 뭔가를 하는 모양인데……
당신보고 그러는 말씀은 아녜요.

직장 동료들 꾐에 빠질까봐서, 노파심에서 한 마디 한 것 뿐이니
까요. 용무 마치시고 돌ㅇ-오실 그 때까지 건강하세요.

　　　　　　　　　　당신의 팔베개에서 이 밤을

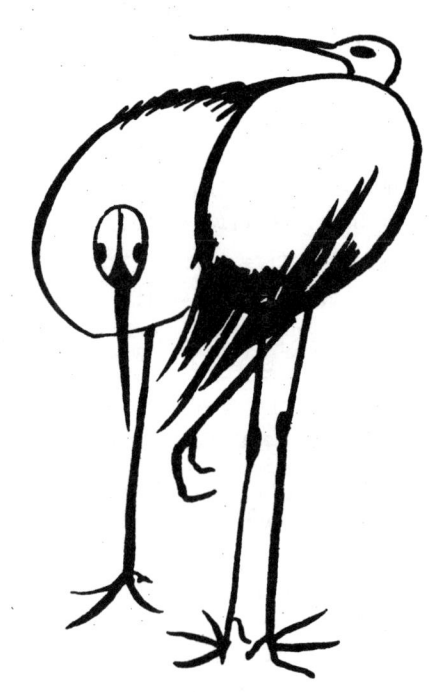

인(仁)·신(信) 두 어린 아들에게

아비는 이제 너희가 있는 고향에서 수륙 오천 리를 떠난 먼 나라에서 이 글을 쓰고 있다. 어린 너희들 앞에 놓고 말하여 들릴 수 없음에 그 동안 나의 지난 일을 대략 기록하여서 몇몇 동지에게 남겨 장래 너희가 자라서 아비의 경력을 알고싶어 할 때가 되거든 너희에게 보여달라고 부탁하였거니와 너희가 아직 나이 어리기 때문에 직접으로 말하지 못하는 것이 유감이되지마는 어디 세상사가 뜻과 같이 되느냐.

내 나이는 벌써 쉰 셋이언마는 너희는 이제 겨우 단 열 살과 일곱 살밖에 안 되었으니 너희의 나이와 지식이 자라질 때에는 내 정신과 기력은 벌써 쇠할 것일 뿐 아니라 이 몸은 이미 원수 왜에게 선전포고를 내리고 지금 사선에 서 있으니 내 목숨을 어찌 믿어 너희가 자라서 면대하여 말할 수 있을 날을 기다리겠느냐. 이러하기 때문에 지금 이 글을 써 두려는 것이다.

내가 내 경력을 기록하여 너희에게 남기는 것은 결코 너희더러 나를 본받으라는 뜻은 아니다. 내가 진심으로 바라는 바는 너희도 대한민국의 한 국민이니 동서와 고금의 허다한 위인 중에서 가장 숭배할 만한 이를 택하여 스승으로 섬기라는 것이다. 너희가 자라더라도 아비의 경력을 알 길이 없겠기로 내가 이 글을 쓰는 것이다.

다만 유감되는 것은 이 책에 적는 것이 모두 오랜 일이므로 잊어버린 것이 많은 것은 사실이나 하나도 보태거나 지어넣은 것이 없는 것도 사실이니 믿어 주기를 바란다.

대한민국 十一년 五월 三일

중국 상해에서 아비

〈註〉: 이 글은 백범 김구 선생의 자서전(自叙傳) 백범일지 (白凡逸志) 머리말에 나오는 서한식 권두언(巻頭言)이다. 한 민족의 스승이며 지도자이기에 앞서 두 아들의 아버지로서 앞날을 근심하면서 자상한 모습을 보여주고 있는 다분히 교훈적인 글이다.

객지에 계신 아빠께

아빠께서 집 떠나신지 벌써 반년이 되었어요.

아침 저녁으로는 쌀쌀한 날씨여서 멀리 객지에 계시는 아빠의 고생하는 모습을 이즈음은 개구장이 바우도 걱정하고 있어요.

아빠! 아쉬운 것 없이 내 집에 있는 은영이는 엄마 모시고 별일 없이 잘 있으니 염려, 걱정 같은 건 아예 마셔요.

부디 아빠께서 추진하는 일이 잘 진행되길 하나님께 기도 드리겠어요.

아빠의 모든 것에 영광만이 있기를 빌면서 내내 안녕하셔요.

출가한 딸에게

너가 시집을 간 지 어제런듯 하더니 벌써 두달.

동안도 시부모님 편안하시고 정서방도 무고하냐. 시집이야 갔지만 어린애와 다를 바 없는 너를 보내고 자나깨나 불안스럽기만 하구나.

집에 있을 땐 손가락 하나 까닥도 않던 너였기에 더 말해서야 무엇하겠냐마는 일거수 일투족이 그 어머니의 그 딸로 불리어지니 서투른 의사의 진료보다 솔직하게 모르는 것은 시어머니께 여쭈고 배워서 귀염받는 새며느리가 돼야 한다.

지난날의 게으름을 부질없이 탓하거나 신세타령 말고 뭔가 하나라도 더 배우겠다는 열의를 가져라.

또 너가 이것 만큼은 자신있다 하더라도 「어머님, 이렇게 하면 될지 모르겠어요.」라던지,

「어머님 이건, 이렇게 하면 괜찮겠죠.」

의 식으로 동의를 구하면 네 시어머니도 기뻐할 것이고 귀엽게 여겨 알뜰히 보살펴 줄 것이다.

만사는 하나에서 시작되나니 짜증부리지 말고 차근차근히 모든 살림살이를 이질 속에서 호흡을 함께 할 수 있는 부덕과 생활의 지혜를 터득하게 되면 큰 잘못은 없으리라 생각한다.

곧잘 처녀시절에 핵가족이 어떻고 내외간의 애정이 저떻고 했지만 시집살이는 자기 위주로만은 할 수 없다는 것을 얼풋이나마 알게 되었을 게다.

집안이 화목하고 아무하고나 잘 어울리면 너의 행복과 시집살이는 원만하게 이뤄질 뿐만 아니라 사랑의 열매도 맺을 수 있다.

이 애미의 말에 귀를 기울이고 귀염받는 며느리, 사랑받는 아내가 되도록 애써 주기를.

오늘은 여기서 이만 줄이니 몸성히 잘 있어라.

아내에게 사랑의 마음을

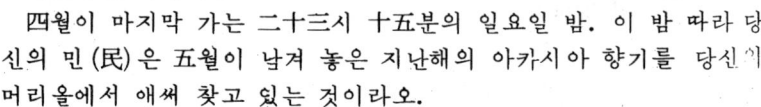

사랑하는 아내여!

四월이 마지막 가는 二十三시 十五분의 일요일 밤. 이 밤 따라 당신의 민(民)은 五월이 남겨 놓은 지난해의 아카시아 향기를 당신의 머리올에서 애써 찾고 있는 것이라오.

또 한 번 기다리는 곱디마한 마음에서 회자정리(會者定離)란 의미가 주고 간 설움과 바램의 교차로에서 인생의 운명을 뼈저리게 배웠다오.

그토록 형이며, 동생이며 하던 청아(青雅)형이 멀리 남미 땅 브라질로 이민을 떠나게 되었다오.

대학 동창으로 이 학교에선 유일한 직원 동료로 고락을 같이 했는데 불썩 나만 남기고 떠나다니ー. 형용할 수 없는 서러움과 괴로움이 물밀듯이 밀려오고 있소.

바늘과 실을 연상해 즌 그 청아 형이ー인생 사십이 불혹이라면 더는 바랄 수 없는 다정한 벗의 잃음 이랄밖에 달리 생각할 순 없소.

사실 청아는 나와는 허심탄회하게 인생을 얘기하였으며, 즐거움과 슬픔을 어느 장소건 같이 해 온 터였소. 나보담 두 살 위라서 형님이라고 부를려면 두어 살 더 먹은 게 무에냐면서 그게 죄라면 그렇게 불러주오 하던 그 소박하고 호탕한 성품이 천하 일품이었소.

왜 이토록 내가 그의 떠남을 절절하게 생각느냐면 진정한 심우(心友)였기에 그 쓰라림이 더 하는 것이라오.

남달리 마음과 마음으로 통하는 벗이었는데, 그렇기에 훌륭한 친구를 두었다고 나를 아는 모든 사람이 입을 모았는데ー.

내게 있는 것이라면 당신이고 그리곤 청아(青雅)였음이 숨길 수 없는 사실이었소. 이 나이에 당신은 자식 하나 못 낳았다고 미안해 하였지만 자식없는 부부라서ー당신과 민(民)이는 저리도 보배로운 승화된 사랑을 잉태할 수 있었소. 당신과 얼마간 별거를 하는 것도 결국은 이 잉태된 우리만의 사랑을 값지게 키우기 위한 일환이 아니겠소.

　이제 가버린 청아와 나, 나와 청아는 당신에게 또 하나의 고귀함을 잉태케 해 주었소. 그 첫번째 잉태가 아들이라면 두번째 잉태는 딸이 될 것이오.

　이 두번째의 잉태—딸은 아들보다 신경을 많이 써야 할 것 같소. 스무해 뒤에 결코 당신과 나를 남기고 제 길을 갈 것이기에…….

　그래서 청아로 연유해서 남겨진 잉태는 돌이킬 수 없는 번뇌로움의 씨앗이긴 하지만 당신과 나 위에 존재하는 믿음이란 걸 가르쳐 준 셈이오. 사랑하는 당신의 품에 고이 잠든 애정과 믿음이 귀엽지 않소. 이제 내일을 약속하며 멈추는 五분전 二十四시라오. 이 밤을 사랑하는 아내여 더욱 안녕히.

우정의 편지투

⊙ 변함없는 우정을
⊙ 하기 방학중의 친구에게
⊙ ○○형제
⊙ 그길이 J형의 길이라면
⊙ 건강이 최고
⊙ 크라스 메이트에게

⊙ 친구에게 신의를
⊙ 한 해를 보내며
⊙ 크럽 회원께
⊙ 미지의 벗에게
⊙ 편지 오첩

변함없는 우정을

「웅지 (雄志) 와 참 언어 (言語) 는 우리의 것인 줄을…… 새해에는 형 (兄) 아, 워밍—업을—」

참 좋은 글이었다.

역시 고맙군, 친우여!

은빛 찬란한 대지와 얼어붙은 공기 정녕 73년은 맞나는 크리스마스인가보다. 영하의 성탄절에 마음마저 얼어붙은 나에게 따뜻한 코오피 (coffee) 같은 카드 (card) 가 을씨년스럽던 마음을 놓여주는구나.

X—마스

뭐, 별개의 날이 아닌데 무엇 때문에 그렇게들 떠드는지 나같은 놈한테는 평범한 날 그대로지 무엇이 그렇게 좋은지 아우성을 치며 다닐까?

아마도 결론은, 그렇게 미친듯이 다니는게 성탄절인가 보다.

서울의 성탄절과 썰렁한 명동 거리— 그마저 인파는 반으로 절감, 네온싸인, 가로등은 모두 눈을 감아 아름다운 야광의 진풍경은 멀리 사라져간 옛날 같고 어둠과 움침—그런 거리는 어느 주막들의 뒷골목 같구나.

그러나 역시 청춘의 쌍쌍은 그런대로 명동의 무대에서 연기다운 연기로—그런대로 심심풀이 일성 싶고.

그러니까 언젠가 자네와 ○○양이 즐기던 남산 순환도로에는 택시가 불통, 그 무대도 역시 청춘무대—.

이렇게 쓸데없는 소리만 하다보니까 지면만 차지하는구나.

부산의 생활은 요사이 어떤지? 사업은 X—마스를 통해서 호경기가 되었는지? 일하는 아이는 어떻게 된건지 모두가 알고싶구나.

74년의 생활은, 어떤 지침이며, 또 부산에 계속 머무를 것인지?

나도 그대의 말씀대로 새해는 워밍—업을 할까 생각하며 필연적인 삶과 격투를 할려고 한다. 하루빨리 청산하여 서울서 같이 워밍—업을 하면 어떨는지, 부산과 서울의 차는 극심하며 서울의 기폭심한 사업에다 우리의 몸을 변색시키자.

서울은 언제쯤 올라 오는지 서로 만나서 새로운 복된 생활로~ 그런 계획을 논의했으면 좋겠는데 물질적인 사정이 여의치 못해 못내려가니 편지라도 다오.

첨언으로 「아나고」회를 먹으러 당장이라도 하부(下釜)했으면 하나 부담이 클까봐서 꾹 참고 있다.

새해에는 복 많이 받고 하는 일에 액운이 없을 것을 기원하며 건강하여라.

그리고 거듭 거듭 잘 살자.

서울에서
벗 욱이가.

하기 방학중의 친구에게

수은주의 길이가 늘어 남에 따라 찌는듯한 무더위와 함께 불쾌지수가 상승 일로군.

분망함과 따분함 속에 졸필의 소식을 전(傳)함에도 선수(先手)를 뺏긴 것 같은 억울함(?)에 마음의 위안을 받는 것 또한 일순의 모순인 것 같구먼.

휴가가 시작되던 날 K형을 찾아 뵈옵고 하향(下鄕) 인사라도 드리고자 했으나 친구의 유혹에 못이겨 설악산 행차를 하는 바람에 월말에야 집에 도착했지.

×　　　　　×　　　　　×

어제가 있었기에 오늘이 있고 또한 내일이 있는 것이 숨길 수 없는 법칙일진대 시간의 흐름에 따라 환경도, 인간의 마음도 변하고— 그것이 정칙(正則)이라면 항상 불안하고 초조하고 불만에 차있는 것은 젊은이만이 갖는 특유한 소유물(所有物)이란 말인가.

사람이 만나는 것과 헤어지는 것은 당연한 이치나 만나는 동안이나마 따뜻한 인간애 (人間愛) 로써 하고 싶은 일 맘껏하고 자기의 길로 향해 착착 나간다는 것 이상으로 행복이 따로 있는지.

K형！

연약하고 어리기만한 제가 대학이란 어울리지 않은 큰 물체 속에 휩싸여 저항도 했고 항변도 했거늘 나만의 세계가 아니라는 것도 역시 주위환경과 학형 (學兄) 들이 준 선물이었지. 그러나 세월은 흘러갔고 마음은 변했지. 어느 누구도 원망할 필요 없고 오직 자의식 (自意識) 속에서 스스로 꾸짖고 책하여 자기를 지켜 나가기로 하였지.

각설하고 모든 것이 불만이면서도 세칭 행운아들인 우리들의 집단 속에서 안일 무사주의로 개인의 욕심만 부리면서 물 위의 기름식인 자신을 원치는 않을 테지.

무엇인가 갈망하면서 망설이고 막상 착수할라치면 이론 (異論)이 분분하고—아뭏든 단순한 것 같으면서도 복잡미묘한 인간관계에 하나의 진실하고 견고한 모임을 누구보다 원했었고 지금도 쌍수들어 환영하는 것이지. 생각이야 각자가 복잡했지만 너무나도 평탄한 대학 생활에 회의를 품은 적이 한두 번이 아니고, 함으로써 윤활유의 역할을 할 이 모임에 손을 맞잡고 노력하지

늙어 가는(?) 처지에 낭만과 젊음만을 희구할 때는 아니니 현실 (現實) 을 직시, 판단하고 행동하는 사람의 현명 (賢明) 한 개인 집단 (集團) 이 되도록 말일세.

멀리서 시골의 정취를 돋구는 매미소리와 더불어 뜨거운 햇빛이 작열하는 순간순간에서 모쪼록 건강을 빌어주네.

촌놈 명길 글

○○ 형제

소식 늦게 띄워 미안 하오이다.

살려고 얽메여 있는 곳이 직장이니 바쁜대로 움직여 줘야지요. 계획대로 하시는 일은 잘 되는지 알고 싶소이다.

건축업에 대해선 백지인 이 철이가 조금이라도 도움이 된다면 무엇이든지 해보고 싶으나 만사가 쉬운 것은 정녕 아니리라 믿고 있음에—

대구엔 언제 내려 갔소이까. 전화를 기다리고 있었는데.

우린 만나서 제대로 이야기할 시간의 여유가 있었음을 아쉬워 하고 또 기다리는 것 밖에 다른 수가 없다오.

이젠 산다는 것이 무엇이란 걸 좀은, 느낄 수 있다오.

며칠 전 독창회 구경을 했다오. 다음 상면시에는 대포라도 한잔 꼭 하자오.

서신 기다리며—.

벗 철이

그 길이 J형의 길이라면

　정형이 공직을 사퇴한 이래로 명예와, 건강과, 친구를　잃어버린 것은 어느 것이건간에 막대한 손실이 아닐 수 없읍니다.

　남달리 청빈을 낙으로 삼아왔고 정의에 불타던 정형이었기에 막걸리 한 잔으로 오늘을 살아가는 그 고고(孤高)한 인품을 어떻게 받아들여야 될지….

　나이를 먹었다는 것이 아무런 자랑거리가 될 수도 없는 것이고 또한 인간이란 한평생을 통하여 완성했다는 순간은 없는 것임에 연륜의 쌓임이 무의미(無意味)할밖에 별도리가 있겠읍니까.

　정형.

　목적이 멀면 멀수록 조급하게 굴지 말고 서서히 쉬지 않고 전진해야 함이 은당할 것이며, 그래서인지 위인들은 한 순간에 목적　달성은 원치 않고 있읍니다.

　철인(哲人) 브라우닝은 인생은 자고쉬고하는데있는것이 아니라 한 걸음 한 걸음 걸어나가는 속에 있다고 말했읍니다. 그런데 위험천만으로 정형의 생의 세계는 기발한 착상이긴 하지만 세인의 입에 오르내릴 수 있는, 공감(共感)의 것은 못 될 것 같습니다. 정형의 독특한 세계에서만 가능할 뿐 나 같은 소시민(小市民)으로선 감당키 어려운 것입니다.

　정형의 인생살이에 의하면 생명이 끊어질 최후의 일각까지　고군분투하는 것을 정면으로 부인하고 오직 자기 철학대로 생명도 망각할 수 있다는 비장한 각오를 의식하며 산다는 것이 아닙니까. 삶에 의욕은 둘째 문제고 오늘을 어떤 각도에서 어떻게 맞느냐가 보다 중요한 문제라니 나같이 우둔한 자가 수긍하기란 어렵다는 것입니다.

　결국 제 멋에 살다가 제 멋에 간다는 낙천가의 일견에 부응한다는 설법(說法)일 테니 정형의 길이 그러한 길이라면 내 어이 막을　수 있겠읍니까. 어차피 빈손으로 왔다가 빈손으로 가는 것이 인생의 정도일진대 그렇게 이승에서 노닐다가 저승으로 간다해서 책할　자는 없을 것입니다. 원통할 자도 물론 없을 것입니다. 누구를 위해서 삶을 포기하고 망각의, 피안의 세계로 간단 말입니까.

산다는 것도, 죽는 다는 것도 소시민 입장에선 자기를 의식하며 위하는 최초와 최후가 되는 것이 아닌가 생각됩니다. 죽음을 승화시킨 일본 작가이며 노벨상 수상자인 가와바다 야스나리는 정형과 성벽이 맞을 성싶습니다. 산다는 자체가 죽음으로 향하는 것이요. 죽음 자체가 영원히 산다는 것이니 애통할 것 없읍니다.

진정 그 길이 정형의 길이라면 막지 않겠읍니다. 신의 보살핌 속에 존재하는 그 날까지 왜곡된 노선은 걷지 말도록 바랍니다.

건강이 최고

엊그제가 입춘! 정녕 봄은 오려나 본데 아직도 산과 들에는 눈이 덮여 있으니 여운이 남는가 봐.

벌써 이월의 종반기에 접어든 지금 새삼 몇 자 적는 것조차 쑥스럽지만 염치 불구하고 정당한 변명과 함께 안부를 묻고 싶어.

물론 작달막한 체구지만 건강만은 남 못지 않다고 자부하고 있을 너에게 나로서는 이번에 황천길을 사양한 정도라고 해 둘까.

지금이야 글발로나마 농담도 하고 정신유람도 하지만 너하고는 인삿말도 못하고 가는 줄 알았어. 몹쓸 놈의 병마가 순진하고 착하기만 한 이쁜이를 잡고 늘어지는데는 하나님도 무기력하기 짝이 없었지.

변명도 알쏭달쏭한 데다가 겉보기에는 멀쩡하면서 얼간이 노릇만 하니ㅡ좌우지간 몸은 야윌대로 야위어서 뼈만 앙상하게 남았어.

서울을 떠난 즉시로 갑작스레 졸도, 드러눕기 시작하여 혼수상태를 거쳐 꾀병 비슷한 경과과정을 보내는 병력은 내 일생일대의 큰 오점을 남긴 것이야.

너의 염려인지 요즈음은 식사도 정신도 회복 단계에 들어갔어.

보람있게 보내고 있을 휴가기간은 내일을 내다 보는 거시안적인 생활이겠지.

뭐니뭐니 하여도 건강이 사랑하는 애인보다 더 상위에 존재한다는 것을 배운—적어도 지금의 나에겐 하나도 건강이요, 둘도 건강임을 강조하는 바이야.

재산을 따진다고 하지만 이보다 더 큰 재산은 없을꺼야.

편지를 쓰다 보니 두서없이 쓰여졌나 봐.

이해를 바라면서 보다 건강을 함께 빌어보곤. 그럼 잘 있어.

크라스 메이트에게

한형!

한형의 미래에 신의 축복이 있기를……

공부란 거 열심히 하시고

여자 생각은 적당히 하다가 잠 들기를—

이 내도

때로는 허무한 시간에 겸허할 수밖에 없을 때도 있었지요.

남자는 남자답게!

여자는 여자답게!

날아가는 참새들아

어찌 이 봉황새의 마음을 알리요.

그러나 역사는 봉황새 앞에 무릎을 꿇고서 이야기 하노라,

XXX 사실을

한형!

사람은 자기가 갈 길을 가듯이

이제는 우리도 갈 길을 뚫는 모양이지요.

아마도 한형은 은행원이나 무역회사 계통의 시험을 응시함이 적격일 터이고 이 내라는 자는 사업이나 정치에 편승하는 것이 어울린다고 때로는 느끼기도 하지만 미래란 어처구니도 없을 때가 너무나 많거늘—

한형! 자기는 항상 자기이어야 한다는 사실에 우리 모두 엄숙히 고개를 숙여야겠읍니다.

한형에게 많은 영광이 있기를.

친구에게 신의를

프레시 맨!

새로운 단어가 나의 마음 한구석을 떠날 수 없는 프레시 맨.

그 속에서도 동길!

나를 실망시키고—또 겪어야만 하는 글자 속에 나의 사랑하는 친구의 이상이 얽매어 울고 그 흐느낌 때문에 지성은 성장하는지도 모른다.

나는 무엇인가.

할 말은 못한 듯하고 마음은 안개만이 자욱하고 그 속에서 웃고 울어야 했다.

남이 없는 어둠 속에서 그래서 자연히 어둠을 갈구하고 울지 않을 수 없었다. 희극이 아닌 진정으로—

굵지도 않는 빗방울이 나의 뺨을 스칠 때 그런 비오는 날, 달 가운데서 일년간의 재수생활 지겨웠다—무척이나.

이 이상 나의 앞길을 어떻게 택해야 좋을지. 선택의 방법이 없는 것이 아니라 냉큼 선택을 할 수 없는 게지.

동길

지난 옛날은 아름다왔다.

그리움 속에서 일년을 갈구했거늘 인간은 너무너무 약하다.

진정코 나는 너를 친구로 사귀고 싶다. 아름다움을 사이에 두고서 진정의 정에 금이 가지 않도록, 아니 내게서 실망이 되지 않도록 돌봐주길 원한다.

진정을 원하는 친구 철이가.

한 해를 보내며

바야흐로 막바지에 오른 황혼이 어둠에 짙깔리며 다사다난했던○○년은 미련도 없으련듯 여울져만 갑니다.

새로운 역사가 생성되고 수레바퀴처럼 맞도는 일순이 돌이킬 수 없는 한 해의 종장을 마무리하고 있읍니다.

○선생

지난해는 정말 번거로왔읍니다.

이제 먹기 싫은 나이가 새삼스러이 먹히워지고 그러다간 연륜이란 것은 두려움을 잉태하고……

오늘은 어떤 위치에서 어느 방향으로 발길을 디딜 것인가를 생각하지 않을 수도 없나 봅니다.

○선생

다가오는 새해는 존경하는 선배님과 후바들의 뜨거운 성원아래 펼쳐지는 소인의 희망찬 해이기도 합니다.

오로지 소인을 아껴주는 가운데서 오늘이 있을 수 있으며, 내일이 또한 기약되는 것입니다.

부족한 한 인간에 사랑의 채찍질과 배전의 지도 편달을 바랍니다.

끝으로 ○선생이 하시는 일에 영광이 함께 하기를 기원하면서 새해에 복많이 받으시기 바랍니다.

크럽 회원께

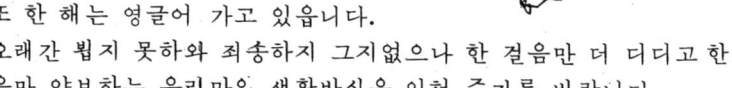

우인회원 (友人会員) 여러분!
또 한 해는 영글어 가고 있읍니다.

오래간 뵙지 못하와 죄송하기 그지없으나 한 걸음만 더 디디고 한 걸음만 양보하는 우리만의 생활방식을 익혀 주기를 바랍니다.

가슴을 쥐어 뜯는 순간순간이 이제는 한 나그네의 소야곡이 돼버린 싯점에서 자아발견(自我発見)에의 곱다란 질주는 지속되어 지고 있읍니다.

종과 횡으로, 복잡미묘한 것으로 믿사오나 회원 상호간의 각별한 모임이 재경 (在京) 회원이나마 성사 (成事) 되길 갈망하는 것입니다.

함께 하지 못한 소인을 기꺼이 나무라 주시옴직도 한 것 같습니다.

언젠가는 만날 그 때 까지 우인회만을 위해 노력하고 기도 드릴 작심입니다.

모쪼록 해가 바뀌는 기로에서 부디 회원 제위께 신의 은총을 바라며 졸필로나마 소인의 소식을 전하는 바입니다.

P 절에서　한석 서

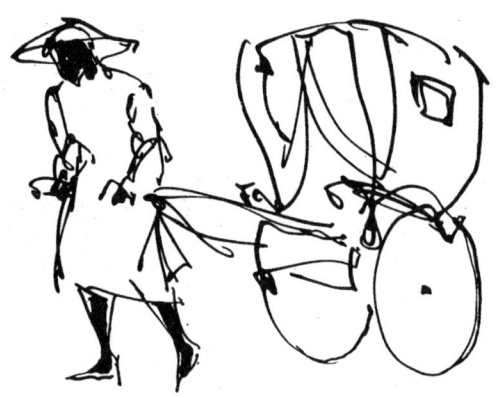

미지의 벗에게

무언가 답답함과 시달림 속에서
참 !
오랜만에 잠겨드는 아픔.
알듯하게 조여드는
가냘픈 실마리 땜에
어쩔 수 없이 낯선 분에게
몇 번인가 망설여보는 글을
띄우는 거랍니다.
◇   ◇
얄팍한 가슴을 마구 할퀴려드는 잔인한 분,
그분은 이런 말을 기억 하시는 분일까.
망각의 샘을 찾아
　표주박 하나 가득 마셔야지
나를 찾을 때까지 맘껏
　목을 추겨야지 ―.
또 한 가지 『노을이 질때』라는 시를 기억하고 계시는 분인가요.

편지 오첩

물같이 맑은 밤입니다. 이제 귀뚜라미도 울음이 지친듯 자취를 감
추고 우리는 깊은 겨울을 맞이해야 할 것이 아니오. 얼음 속에 잠기
는 삼동 (三冬) 을, 기도로 밤을 새우며 사람마다 기를 못펴고　일종
의 동면상태 (冬眠狀態) 에 들어갈 것입니다.

모든 것이 내게는 끝났읍니다. 또한 당신에게도, 종언 (終焉) , 그
렇습니다. 그러나, 그것은 가랑잎이 지고 난 나뭇가지와 같은 그런
마지막이 아닙니다. 나뭇가지에는 봄을 기약한 나무 눈 (芽) 이 깊은

절망 속에 한가락의 따뜻한 생명을 간직한 것입니다. 그러나 내게
또한 당신에게는 영원한 마지막—하얀 배지 같은 시간이 올 뿐입니
다.

　내게는 기도의 주제 (主題)를 잃었읍니다. 그러나, 그것은 절망이
나 실망을 뜻하는 것이 아닙니다. 기도의 주제가 뚜렷할 때는, 늘
사람은 신 (神)에게 구걸 (求乞)하는 것 뿐입니다. 기도의 주제를 잃
고 비로서 드리는 기도는 온통 신을 찬미하는 일 뿐입니다. 이 말을
알겠읍니까.
　참된 기도는 거지와 같이 구걸하는 것이 아니라, 신의 영광을 찬
양하는 찬미어야 할 것—이라는 뜻입니다.

　왜냐구요. 사람은 도든 것을 버리지 않고는 그 마음 속에 신을 모
시지 못하기 때문입니다. 다시 말하면, 당신을 마음 속에서 깨끗이
결별하고, 비로소 신의 모습이 내 가슴의 빈 구석구석을 채워 주었
읍니다.
　편안한 것이—얼마나 쓸쓸한 마음의 터전에 깔리는 것임을 처음으
로 느꼈읍니다. 신을 모시는 것은 불붙은 충만이 아닙니다. 그것은
물 같은 것, 바람 같은 것, 그리고 가을밤 같은 그런 쓸쓸한 것이
쓸쓸한대로 충만한 그런 평안입니다.

　물같이 맑은 가을밤입니다. 불빛이 나의 이마를 따뜻하게 해 주는,
그만큼의 열 (熱)로써 이 밤을 보냅니다. 그것은 추억에 대한 미련이
아닙니다. 오히려 신 (神)을 모신 자의 편안한 가슴에 깃드는 인간
이 인간에게 느끼는 친밀감입니다. 이 친밀감이 앞으로 맞이할 깊은
겨울에 나를 아주 얼게하지 않을 것이며, 아주 동면하게 하지 않을
것이며, 열은 영원히 고저 (高低)가 없을 것입니다.
　이 밤에 축복이 당신에게 있기를 빕니다.

Ⅱ

　그동안 안녕하십니까. 요즈음은 귀뚜리 울음도 뜸해지고, 이미 가을이었읍니다. 가랑잎이 구우는 들길…어제는 혼자 홍제동　밖으로 나갔읍니다. 홍제동의 가을 풍경은 너무나 처량하였읍니다. 끝없이 푸른 하늘에 화장터 연기가 한오리 뻗어 오르고, 들길에는 들국화가 잦아졌읍니다.

　낙엽 빛깔은 정다웁고 쓸쓸하다.

　낙엽은 덧없이 버림을 받아 뜰 위에 있다.

　시몬, 너는 좋으냐. 낙엽 밟는 발자국 소리가?

　이 쓸쓸한 가랑잎을 밟으며, 당신에 대한 나의 사모도 벌써 빛 낡은 것임을 알고 있읍니다. 사람 사는 세상의 속절없는 인연을, 낸들 어찌할 도리가 없읍니다.

　서걱거리는 가랑잎이 발아래 밟히는 소리는 어쩌면 무너지는 우리의 인연과 같은 것일까요. 그러나, 낙엽진 가지에 한 개 남은 마지막 가랑잎의 외롭고 유정한 풍경―그 마지막 잎새 같은 심정으로 오늘은 당신에게 고별의 붓을 들었읍니다. 이것으로써, 우리들　인연의 나무에서는 마지막 잎새가 떨어지고 말 것입니다.

　이것을, 나의 미련이라 여기지 마시기를.

　다만, 우리들의 지나간 추억은 아름다운 추억으로써 곱게　간직하고 싶을 뿐입니다. 사람은 누구나 감정적인 동물. 그래서 감정이 변하고 식어지며는 이미 인연은 끊어지기 마련입니다. 그것을 무리하게 바로 잡으려다가 자칫하며는 추억조차 더럽히고 말 것입니다. 이 체념은 때로는 사랑 그것보다 더 아름다울 수 있을 것입니다.

　이, 아른한 애달픔이, 오늘 제가 붓을 든 이유입니다.　아름다운 종말을 위하여 또한 아름다운 추억을 위하여, 한가락의 미련조차 갖지 맙시다. 지금은 이처럼 싸늘한 것이 어느 날에는 그지없이 아름다운 것으로 되살아 날 때―물론 그 때는 이미 우리는 서로 다시 맺

86

어질 수 없는 먼 거리에 살게 될 것입니다마는, 그 먼, 거리에서 서로의 향수를 지니게 되리라 믿습니다. 차라리 얼마나 아름다운 것이겠읍니까.

지금은 밤입니다. 찬 달빛이 뜰에 가득합니다. 붓을 들었을 때 물 속처럼 갈았은 마음이 편지를 쓰는 동안에 흥분해 옵니다.

가까이 오라. 우리는 언젠가는 가련한 낙엽이리라.

가까이 오라, 벌써 밤이 되었다. 밤이 몸에 스민다.

시몬, 너는 좋으냐, 낙엽 밟는 발자국 소리가?

실로, 우리에게 가을과 더불어 밤이 왔읍니다. 이제 마지막 지점에서 손을 저어 보이겠읍니다. 하나님의 축복이 영원히 당신에게 베풀어 주시기를. 또한 저의 축복을 당신이 물리치지 마시기를.

〈註〉: 시인 박 목월 선생의 편지오첩(五帖) 중 두 편. 낙조(落潮)의 계절에 속절없는 인연을 시의(時宜)에 맞게 어느 특정인을 지칭해서라기보다 삶을 이어가는 뭇인생들에 기도하는, 마음의 관조와 참뜻을 시사해주고 있다. 마지막 잎새가 떨어질 때면 추억은 추억으로 간직되고, 체념이 몰고오는 아름다움일랑 한 줄의 글귀에 연연한 유정의 씨알로 심어질 것이다.

애정 편지투

- ⊙ 결혼한 그대에게
- ⊙ 아저씬 나의 애인(?)
- ⊙ 침묵은 오해 속에
- ⊙ 갖고픈 꿈은 깨어지고
- ⊙ 밤이 주고간 설움
- ⊙ 생일 선물을 보내다니

- ⊙ 애인에게
- ⊙ 내 마음 모든 것을
- ⊙ 약혼자에게
- ⊙ 임이여 안녕히
- ⊙ 옛 애인을 생각하며

결혼한 그대에게

영숙씨.

영숙씨라 부를 수 없는 현재—현재가 중요하다면 민여사(女史)로 부르리라.

민여사!

헤어져야 한다는 말도 없이, 헤어지겠노라고 그 마지막 한 마디도 없이 떠나다니—.

이제 다시는 돌아올 수 없는 싯점에서 기왕이면 행복을 빌어 줘야 겠지만 내 마음 나도 몰라—, 참으로 어쩔 줄 몰라 축복의 말을 잊고 있는 것이외다.

진정 가야만 했다면 낸들 막을 수 없는 것을 민여사가 누구보다 잘 알고 있으면서…….

나이가 어리다 군대를 갔다 와야 한다는 불만이 있었다면 할 말을 못하는 것이 나의 입장이외다. 그렇다면 민여사는 사랑에 강했고 현실에 약했다는 애정의 종언(終言)을 침묵으로 행동으로 보여준 것이외다.

아—! 지금은 남의 아내가 된 사람.

나 없는 세상은 오아시스 없는 사막이라고 입버릇처럼 뇌이던 그대였는데……

그것도 불과 한 달 전이었소이다. 분명코 민여사는 두 사나이를 사귄 것이외다. 나와 당신의 남편된 사내를 말이외다. 여자의 마음—갈대의 마음이 민여사를 두고 하는 말이외까.

봄이면 꽃놀이에 치악산 등반길에 마치 부부라도 되는 것처럼 주말마다 그대는 내가되고 나는 그대가 되었으며, 여름이면 경포대다, 해운대다, 변산이다 하면서 따가운 모래알을 모두 우리 것인양 모으며 사랑을 수놓았고 어둠이 깔리면 남포불 받치고 나는 밥짓고 그대는 찌개를, 밤하늘 별들이 사랑을 속삭일 때면 나는 아빠되고 그대는 엄마되어 젊음을 찬미하며 비둘기집 지어 행복하게 살자고 굳게 약속을 하지 않았더외까.

가을이면 설악산 단풍놀이 연례행사인양 으갔건만ー. 그 뿐이외까. 겨울이면 하얀고깔 쓰고 대관령스키를 빠질새라 졸라 대던 그대였는데……

누군가 말하더이다. 추억은 아름다운 것이라고ー.

사실 영숙씨로 불리던 그대가 아름다운 천사였다면 민여사인 그대는, 민여사인 그대는 차마 말을 못하겠소이다.

낙엽지는 어느 날에 오·헨리의 마지막 잎새를 그려 봤소이다. ー 울고 싶도록 말이외다.

조락의 계절은 사랑의 패배자에게, 아니 사랑의 승자가 현실의 약자에게 눈물을 거두게 하는 보다 높은 차원의 사랑에의 길을 안내해 주고 있소이다.

한 잎, 두 잎 포도 위에서 이저리 딩구는 조락일 테지만 그것은 현실이, 자연이 갖다준 진리에 순응할 따름 멸망은 아니란 것을 민여사는 기억해야 하외다.

결과적으로 짓밟히고 찢겨지는 마지막 잎사라지만 마지막이 있기에 시발이 있는 것이요. 시발이 있기에 새로운 질서가 전개되는 것이외다.

그렇게 가버린 사람을 원망하고 저주하기 보다는 차라리 앞길에 마음에서 우러나온 축복을 드리워야 될 것 같소이다.

나의 생애에서 감히 범할 수 없는 사랑을 깨우쳐준 그대에게ー 민여사에게 촌음의 순간 순간이 정녕 사랑하였으므로 행복하였네라 는 어느 시인의 말을 심어 주고 있는 것이외다.

그대가 내 곁을 떠나 남의 아내가 된 그 엄연한 사실은 나로 하여금 새로운 생의 가치관과 남ー녀 관계의, 이를테면 연애와 결혼의 자유를, 폭넓은 선택권을시도 하게끔 전기를 마련해준 것이외다.

하나를 잃어버리고 둘을 얻게된 귀결로 민여사에 대한 개인의, 한때 연인으로서의 유기적인 관계는 마무리 된 것이외다.

이제 입영을 며칠 앞두고, 몇 달 뒤에 일선 소대장으로서의 신분으로 그대의 옛 사람은 사나이중의 사나이로 변신될 것이외다. ー

어쨌든 꿈을 키우고 또 꿈을 먹고 살던 부질없던 지난날을 한 잔의 술에 용해시키면서 쓸쓸한 젊음의 유희를 망각의 샘으로 초대하 겠소이다.

한 남편의 아내로서 최선을 다 해 주길 살뜰히 빌어 줄 따름이외 다.

아저씬 나의 애인(?)

안녕!

요즘은 한가한편이라서 이따금씩 아저씨 생각이 나요. 별로 할 일 이 없어 뒤에 앉은 한과(課) 직원하고 재미있게 농담을 하는데— 이 사님 땜에 기분 망치고 얼굴은 홍당무가 되고. 하필이면 제가 이야 기 할 때 나오실 게 뭐람, 안 그래요.

정말 한가하니까 얄궂은 생각이 밀려와요.

도대체 저와 아저씬 뭘까 하고요. 참 이상해요. 애인도 아닌 것 같고 그렇다고 생각 안나는 것도 아니고, 보고 싶고, 만나고 싶기까 지 한데 난 아저씨의 무얼까.

난 뭔가 말해 봐요.

아저씰 영아는 좋아하고 사랑도 하는데…….

괜스리 소녀 시절처럼 센티해서 그런가 보죠. 죄송합니다.

이해를 바라며 또 안—녕.

부산에서 영아가 드림

침묵은 오해 속에

영만씨.

제법 차가운 날씨에 안녕하신지요.

바람은 멀리듯 하늘거렸고 주위엔 인기척 하나 없는 오롯한 밤입니다.

저리도 밝은 달은 지금 영만씨께 향하고 있는 저를 충동질 하고 있읍니다.

보내 주신 서신에 침묵만을 지킨 저를 맘껏 나무라 주세요.

아울러 이담부터 무의미한 침묵은 멀리 하겠음을 약속합니다.

제가 침묵으로 시종하지 않을 수 없었던 지난 나날들—

갖은 시련과 아픔을 참아야만 했읍니다. 추잡한가 하면 볼썽 사납고, 그러노라면 한풀 꺾이고 방황도 하고 삶의 회의도 느낄 수 있었읍니다.

이제 괴롭고 슬픈 날은 잊어지고……모래알처럼 수 많은 일 중에서 영원의 늪처럼 묻히지 않고 뇌리에 남아있는 순간순간은 하나같이 아름답게만 여겨지는지요.

이런 아름다움을 간직한 채 젊음은 멀어져 가고 세상살이는 힘겨웁게만 전개되고 있읍니다.

영만씨.

쓰다보니 쓸데 없는 말만 지껄였나 봅니다. 그러나 전 이런 말을 쓰지 않으면 안 되었기에—이해를 바라겠어요.

부디 건강하시기 바라면서 펜을 놓습니다.

갖고픈 꿈은 깨어지고

재욱씨. 산만스럽기만 했던 나의 마음에 조금이라도 짐을 덜게 해 줄 수 있는 이 편지가 오늘따라 고맙게 생각됩니다.

역시 나는 내 소신다로만 살려고 했던 무모한 계집으로 변해버렸고 그 결과 이렇게 모든 것이 고통스럽기만 하군요.

내 마음, 내 눈물, 내 감정을 다 아는 사람에게 하나의 호소라 생각한다면 어패가 될지 모르지만 그래도 무모한 계집은 끝까지 무모한 짓으로 마무리 될 모양입니다.

정말 나는 믿었읍니다.

한 재욱씨라는 사람보다도 아니 그 이상의 위대한 나의 친구였다고 그냥 그렇게 믿었읍니다.

그래서 그 믿음이 지금 하나의 우정을 배신했다고 말한다면 너무나 핵심을 찌르는 말이 될는지요?

누가 뭐래도 내 마음은 전과 같다고 그 한 마디뿐 할 말이 없읍니다.

나는 혼자 조용히 생각해 보았읍니다.

차라리 내가 몰랐던 사람으로 돌아갈 수도 있지만, 사람의 인연을 좌우한다는 문제가 그리 쉽지만은 않더군요.

결국 옛날 그 위치에서 그 이상도 이하도 될 수 없다고 속단을 내렸읍니다.

이것이 큰 과오를 범하지 않으리라 믿습니다.

내게 자랑할 단 하나!

나는 남달리 좋은 남자 친구를 가지고 있다고 떳떳이 말하고 싶었는데 가혹하리 만큼 이것마저 뺏아가고 말았읍니다.

이런 결과를 갖게 된 동기도 많습니다. 어쩌다 ×대에 편입해서, 또 어울릴만한 여자 친구가 없어 함께 행동을 하다보니 이런 결과를 초래했군요.

다시 한 번 허물없는 친구 아닌 친구가 되어 달라고 애원합니다.

그리고 몹시 괘씸하게 생각할는지 모르지만 여행가기로 한 것 포기 하겠어요.

내게는 주체스런 일이었고 그럴만한 여유도 없고요. 괜히 어린 마음에 여행이라하여 마음이 잠시 기울어졌나 봐요.

어떤 부담도 갖고 싶지 않을 뿐입니다.

나보다 더 훌륭한 친구가 많으니 동행에도 좋을 거예요.

허다한 잠재된 것들이 갑자기 폭발해서 약간의 미소가 스밉니다.

이제는 양심껏 살고 싶을 따름이에요.

너무나 나는 많은 사람의 눈을 속이며 또 나 자신까지 믿지 못할 경지까지 믿어왔어요.

이제 모든 사람들이 내게로부터 손을 풀어 달라고 말하고 싶어요.

꼭 그렇게 해야만 내게 남은 상처를 아물게 할 수 있을 것 같군요.

쓰디쓴 웃음, 형용할 수 없는 마음의 고통도 이제는 정말 안녕을 고하고 싶어요.

바닷가에서 멋진 나날을 보내길 빕니다.

답장 같은 것은 기다리지 않겠어요.

오히려 그 답장으로 또 하루생활에 조그마한 후회나마 수반 될 것 같으니까요. 부디 하는 일에 영광만이 있길 충심으로 빌겠어요.

미   영

밤이 주고 간 설움

미애 읽어요.

장문(長文)의 사연을 접(接)하고 나니 꼭이나 내가 죄인(罪人) 된 기분이야.

어쨌거나 쑥스러운 마음 금할 길 없고 다소간의 이질(異質)로 나의 심경에도 조용한 변화가 일고 있지.

약한자의 바람직함이 곧 이것이다는 것을 계도(啓道) 하지 못하고 종장(終章)을 맞게 되었음을 좀은 서운하고 좀은 애처롭게 생각하는 바.

미애.

철석같이 믿었는데 믿는 도끼에 발등을 찍혔다고 몸부림 하는 것은 아니라고 사료되나, 그것이 그런 귀결이라면 냉정하게 두 손을 가슴에 얹고 돌이켜 브지―그날 그 밤이 없었다면, 적어도 미애와 나만의 얼룩진 하룻낮이 주어지지 않았다면―그 밤을 이성을 잃고 취기(醉気)에 찾은 것도 아닐 테고, 스무으드하게 함께 할 수 있었음은 진실일 테지.

문제는 여기부터 어렵게 되는 거야.

일종(一種)의 사랑이나 이성(異性) 간의 미묘한 정(情)이란 것은 순간적으로 돌변할 수도 있다고 생각한다. 바꾸어 말하면 애초부터 이성간의 야릇함을 느끼고 목적에의 길로 유린한 것이 아닌, 어떤 상황과 환경의 급조에 따라―그것도 한밤을 젊은 남녀가 함께 지새면서―결과적으로 〈비약시킨다면〉 사랑을 고백하게끔 만드는 것은 여자이고, 막상 고백을 하는 것은 남자―바로 그런 상관 관계에서 기인된 심리(心理) 작용에 차질이 있다 뿐이지 (남녀 불문코) 시시비비를 가리려는 당착은 고려해 보는 것도 좋을 성싶어

× × ×

모든 역사는 밤에 이루어 진다고 흔히들 얘기하고 있는데, 미애와 나의 경우도 이런 테두리에서 벗어날 수는 없는 거야.

나 역시 미애 못지않게 후회도 해 보고 자책감도 가져 보는 터이지만 스스로 생각컨대 그리 큰―정확하게 표현한다면 조그마한 실책에 불과했지 그 이상도 이하도 아니야. 나를 정당화 시키거나 합리화 시키는 건 아닌 줄 잘 알거야. 내라는 인간성도, 다른 어떤 것도 다소 짐작하겠지만, 그것이 자의든 타의든 여하간에 미애를 위해서 이성을 떠나 초연한 위치에서 정성을 기울였다는 것―그 자체를 고깝게 여기지는 말아달라고 부탁 아닌 사실증언을 요청해 보는 것이야.

이 순간부터 나의 길에 충실하고자 하니 미애는 학교 생활에 충실해 줄 것과 동성(同性) 간의 친구를 사귐에 인색지 말고, 생활의 변혁을 가져 주길 당부하면서 아름다움을 가꿀줄 아는 지혜로운 여성

이 되도록—친구를 잃어버린 것이 전화위복이 되리라고 확신하면서
이만.

재욱 씀

생일 선물을 보내다니

미스 김.

나의 생일 초대에 아무런 말 한 마디 없이 침묵만 지키던 그대로
부터 금일에 정성어린 선물이 도착하여 울적하던 마음은 일순 기쁨
으로 변했소.

미스 김의 불투명한 거처에 방황하던 차마 형용할 수 없는 나의
몰골이었소. 생일 당일을 위해 계획하여 놓았던 모든 것을 말살하고
정처없이 여행이나 할까 마음 먹었구나 그나마도 어머님의 간곡한
만류로 주저하고 말았소.

아침에 그대가 보내준 생일 선물은 비록 초대에 참석은 못했으나
그 이상의 것으로 기쁨을 주었소. 그런 탓으로 퇴근 뒤엔 가까운 친
구 몇 명과 저녁을 함께 하면서 취흥에 겨웠소.

미스 김!

친구들이 떠난 뒤 그대의 화사한 얼굴과 따스한 손길이 서려있는
그 선물에 무한한 고마움과 사랑을 느낄 수 있었소.

이 조그만 그대의 선물은 이밤에 애오라지 섭섭했던 내 모든 것을
사로잡고 행복에 겨웁도록 해 주는 것이외다.

그대와 만나는 열흘 후에 못다한 사연을 전하기로 하고 생일 선물
에 다시 한 번 감사를 드리우며.

애인에게

영글어 가는 그대 걸음 위에 순아가 애써 키우고 또 가꾼 환한 웃음을 드립니다.

이렇게 깊이 그리고 곱게……

누구한테도 주지 않은 마음으로만 키워온 내 진실로부터 온 미소를 말입니다.

먼 훗날.

바래진 사랑으로

갈림길에 서지 않게 하기 위해 항상 전 스스럼없는 그대와 순아를 생각합니다.

때때로

하늘과 땅이 우리 것인 양

…………

좀은 여유있는 삶으로 해서

오늘과 내일을 타협할 수 있도록

그런 용기와 자세를 가져 보아야겠다고 하면 웬지 눈시울이 뜨거워지고 뭔가 뭔지 가슴은 암담할 뿐예요.

빚진 오늘에서

내일을 찾는다는 건 어려운 일이지만

이왕 살아보겠느라고 디딘 걸음

어서 빨리 눈물을 두고 겹쳐진 눈웃음 속에 「멋진 일이야」 「아름다운 세상이야」하고 소리 질러 보렵니다.

뜨거운 안녕도 함께 곁드립니다.

사는데까지 살아 보는 것.

좀더 삶의 의의를 갖고 목적 의식만 망각하지 않는 한

어떤 대상을 향해

감긴 눈 속에서

뜬 눈 속에서

해야 할 일이 너무도 많습니다.
연필을 깎아 글도 써 봐야겠고
땅을 파서 나무도 심어야겠고
쌀을 씻어 밥도 지어야 하지 않으오.
그렇다고 따분해 할 건 없읍니다.
모두 다
현 위치에 만족을 갖고
설령 불만이 가득하다 하더라도
엉덩방아일랑 찧지 말고 노력하고 또 힘써야 함이니.
눈물이 맺히면서
가슴을 앓아도
뜨거운 미소를 배운 그대, 그리고 나,
다시 씹으며 배워 가면서 살아야 할 사람들—
뿌려가면서 살아 보는 것
배운 것일랑 몽땅주면서 말이외다.
봄은 와 있는데……
봄은 와 버렸는데—?
내 마음에 봄은 어느 때쯤 와서 자리 잡을까.
텅 빈 가슴에다 뭔가 꽉 채워야 겠는데
요즈음의 연인
요즈음의 순아
비인 가슴을—
분노와 슬픔과 조그마한 기쁨을 가져왔다오.
또 하나
운명이란 단어를 배웠읍니다.
아픈 가슴에서도—
뜨겁게 그리고 차디차게 말이외다.
안녕! 또 안녕을!
건강하세요. 주어진 생활에서 착하게, 곱게, 건강하게……다시 한
번 더 미소와 더불어 안녕 안녕을—.

내 마음 모든 것을

사뭇 그리운 얼굴이었기에 이렇게 숨을 지우며 창백한 얼굴로 더듬고 있소.

하이얀 백합송이 가슴마다에 새까만 눈방울을 의식 하며―

겨울 바람은 그 독한 말 벗인 양 속삭이며 다가오는데, 키스해 주으. 이렇게 정열적으로…

휑하니 비어버린 허공을 향하여 나는 버려졌고, 냉소일 수도 없는

그리움이 몸부림치는 흐느낌 같은 것이 고뇌속 끊임없이 이그러진 내 조그만 가슴은, 눈방울은, 온통 기다리는 자세로만 있소.

순이!

황혼이 쏟아지는 그 마지막 지점에서 지금 내 자신을 불사르고 있소. 앞뒤가 막힌 고독 전상으로 해서 세상이 붉게 물들어 가는 대지 위에 이처럼이나 우두커니 서 있는 한 자신은 서글픈 환상만을 되그리며 있소.

숨김 없이 미치도록 허전한, 공허만이 시방 나의 전부인데―

이 텅빈 가슴 속을 단 하나 꿰뚫고 달리는 유성의 모습이 보이기에

순이.

마음은 드디어 붉게 타오르는 것 같소.

옛날 태고적 사람이 숭배하는 그 절제 없는 아우성!

이 나의 뇌리 속에 감돈 유성의 찬연함을 어둠에서 빛을, 그리고 적막에서 나를 깨워주는 것이거늘.

이밤도 슬피……안녕.

약혼자에게

민!

으슴프레한 하늘, 아마도 땅거미가 짙어가는 모양이에요.

아주 오랜만에 태양을 정시할 수 있을 듯 오늘의 기쁨을 오직 먼 께 돌리려 해요.

오늘 밤은 아마 달님도 구름을 피하고 인간의 그리움을 찾아 오실 것 같기에.

진정 마음 다함이 없이 태양을 그렸던, 고대했던 애타는 자세의 기다림이었나 봐요.

창가엔 한결 어둠이 짙어오고 있어요.

八월은 정녕 무거운 달이었어요.

자연의 심리도 그러했고 나의 마음까지도—마음의 진통 같은 것 은 빠짐없이 감수하고 또 가능한 한 불러보고 싶었어요.

민.

무슨 얘길 엮으려고 했을까…….

까닭도 소망도 없는 지난날의 뒤풀이는 아닐진대, 혼자 시작해서 홀로 끝맺는—나의 노래로만 채워지나요.

얼마만의 노여움을 풀어 주어요.

비단 씻을 수 없는, 용서 받을 수 없는, 사랑의 탈선일망정 말이 에요.

어슬픈 바램이나 민—밝은 웃음으로 불러 주어요. 애원하면서 건 강을 빌겠어요.

정옥이 가

임이여 안녕히

미치도록 웃음 꽃 피웠소.
내가
이마에 주름살 질 까봐
울도록 피로와 할 까봐
염려하는 순간의 미련을 쫓아서……
희망과 약동의 계절
새로운 설계와 보다 의의를 찾아서
가야 할 당신의 발길이라면—
내
무슨 악과 원한이 많아 그 길을 막겠소.
오랜 시일이 지나면
미련도
아쉬움도
끝내는 망각의 시기가 올 것이요.
잘 가소.
안녕히—.

옛 애인을 생각하며

많은 사연과 함께 무척 이나 보고 싶었어요.

죄의식 속에서 헤어나지 못하고 만이 영자를 용서하여 주세요.

서울을 등지고 멀리 왜 그곳에 가야만 되었나요? 알고 싶음은 마찬가지가 아닐지요.

제 자신 어디로 가야 할 지를 아직은 므르겠읍니다.

이 시간도 복잡 미묘한 제 자신의 문제를 논하고 싶지 않습니다.

부인과이 이혼 문제는 어떻게 되었는지요. 정식으로 발령 받은 뒤에 ××사에 갈 작정입니다. 만나고 싶다는 것은 절박한 것이니까요.

미치듯이 제 자신도 울고 싶습니다.

더 이상………. 건강과 주님의 은총이 있기를 빕니다.

인천에서

영 자 드림

기타의 편지투

- ⊙ 후배를 생각하며
- ⊙ 슬픔에 잠긴 은사께
- ⊙ 제자에게 전하며
- ⊙ 섬마을 휴가기
- ⊙ 주례를 부탁하며
- ⊙ 고향에 찾아드니
- ⊙ K선생님께 올리며
- ⊙ 선배 언니께
- ⊙ 개업을 축하하며
- ⊙ 나라 사랑의 길

후배를 생각하며

「추풍령」이라는 TV극을 시청하고 있을 때 장형이 띄운 글을 받았소. 때마침 극중 장면이 뱃고동 울리는 항도여수의 낙엽 딩구는 계절이라기 보다는 「여수」이었기에 문득 장형의 굳은 의지와 잃지 않는 미소의 그 얼굴을 연상하던 참인데 소식이 온 것이오.

그래서 아마 서 너번은 읽고 또 읽어 보았을거요.

정이란 역시 오래가는 마력인지도 모르오.

본시 사무적이 아니면 서신을 않는 못된 성미를 가졌건만 장형에겐 못배기겠소. 아마 그리움이란 것 때문에 아닌가 하오. 나이답잖은 표현이지만 이 점만은 솔직한 자백이오.

영리하고 재기(才気) 있는 인간 「장선달」이 벌써부터 염세를 하다니 정말 놀랬다오.

젊고 패기에 찬 장선달이 「패인 상(像)」을 그려보다니, 안 될 말이오.

어쨌든 장하오. 기백을 1년만에 벌 수 있었다니….

이 못난 사람은 1년 동안 주림과 추위에 떨면서 7천장에 가까운 오리지널 원고를 썼다오. 오죽했으면 신경통에 걸려서 두어 달 고생하였겠소.

책이 (○○호저) 며칠 전 출간 되었소.

책명은 「부업백과」 전 6권인데 겨우 첫 권이 나왔소. 진사 한 권 보였어야 할텐데 그렇게 못한 나를 용서하오.

이 편지 띄운 후 바로 한권 보내 드리겠소. 과히 나무라지 말아주오.

정말 보고 싶소. 상경 기회가 있으면 꼭 집에 들려 주오. 집사람도 퍽 보고 싶다는군….

집을 이사 했소. 먼저 살던 곳에서 관악산 방향으로 1백미터 내려오면 「삼백사」라는 세탁소가 있소. 거기서 물으면, 알려 줄 거요.

만날 날을 고대하며―여러모로 용서 바라오. 진정으로 고마운 장형이라고 느끼고 있소.
　　군바이

　　　　　　8. 27　　유 민 호

슬픔에 잠긴 은사께

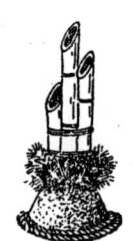

선생님,
지난 주일날 사모님께서 운명하셨다죠.
애석한 마음 오죽이나 하시겠읍니까.
삼가 조의를 표합니다.
　남들이 부러워하는 그렇게도 금실좋기로 이름난 모범 부부였는데, 이제 선생님 홀로 두시고 유명을 달리하셨다니 참으로 인생무상을 느끼지 않을 수가 없읍니다.
　선생님의 부산 피난 시절 행상을 해가며 어린 자식과 시부모를 봉양하던……한국 여인의 비애와 미덕을 한몸에 지니시던 생전의 사모님이 아직은 할 일도 많을 뿐만 아니라 연령으로써의 황금기가 그렇거늘 결국은 그리 끝맺음 하실 줄이야 선생님께서 상상이나 하셨겠읍니까.
　한가지 돌이킨다면 그날 집회에 참석만 하지 않았더라도 이런 참변이야 면하지 않았나 하는 것입니다. 하기야 그 집회엔 사모님이 총무시니까 어쩔 도리야 없었지만……
　선생님.
　생각한들 무엇하며 통곡을 한들 무슨 소용이 있겠읍니까.
　너무나 애통하게, 영화나 부귀 같은 것은 외면한 채 살아오신 그 한 인간의 아름다움과 헌신이 가슴을 찢어지게 하시겠지만 산 사람은 그래도 살아야 되잖습니까.
　생명이 다하는 그날까지 용기를 잃지 마시고 만사에 임하셔야겠어요.

큰따님과 아드님의 혼사문제도 시급하거니와, 당장 가사인을 돌볼 가정부도 구해야겠읍니다.

선생님이 귀여워 해 주시는 제자, 이 옥희도 그렇게 어리지마는 않습니다. 그이와 상의해서 가능한 한 선생님이 정신을 가다듬을 때까지만이라도 집안 일을 돌보겠어요.

기꺼이 승낙하여 주시기 바랍니다. 선생님의, 현실에 고민하고 내일에 산다는 그 말씀을 지금도 기억하고 있읍니다.

스승으로서의 그 고고한 인품과 불의와 타협할 줄 모르는, 비단 내일 당장 사직하는 한이 있더라도 독특한 자기 세계에서만 몰두하시는—선생님의 주옥 같은 훈시와 교육론에 다시금 고개를 숙이지 않을 수 없읍니다.

선생님께서 비통해 하심을 더하는 것도 바로 선생님의 생활신조와 인생관에 이해로 점철된 헌신적인 사모님의 열정에 연유하고 있다는 것을 누구보담 전 잘 알 수 있읍니다.

선생님. 피로와 하지 마시고 수면과 식사를 충분히 하십시오. 빠른 시일내로 뵙겠읍니다.

제자 옥희 드림

제자에게 전하며

조군의 정성어린 글월 잘 읽었네.

학창시절 남달리 대내·외 생활에 동분서주하던 의욕적인 인상이 멀어져 가는듯 하더니 다시금 새로와지는군.

직장에도 충실하고 가정에도 성실하다니 대견스럽기 이를데 없네. 이전에 성규군이 다녀갔는데 집사람이 절세 미인이라고 자랑이 대단하더군.

결혼식 때는 청첩을 받고도 참석하지 못한 것을 미안하게는 생각하나 세미나르 관계로 고의는 아니었으니까 별다른 오해는 없을 테지.

한창 신혼생활에 깨가 쏟아져 세월가는 줄 모르겠군. 지금의 허니문 시절처럼 멋지게, 신뢰와 존경과 사랑으로 삶을 이어가게.

조군이 물어온 직업 전환은 고려해 볼만하네. 이유인 즉—

매스콤에 종사하고 있는 사람은 사회적인 막중한 사명감을 인식 않고선 촛점잃은 방황하는 엘리트가 되기 쉽상이지.

특히, 잘은 모르나 친구를 통해서 들어보면 술과 여자와 배짱이 조화되지 않으면 사나이로서의, 이를테면 저널리스트로서의 자격을 상실한다는군.

젊은 시절에 한 번쯤은 해 보는 것도 괜찮다고 생각되나 조군 같은 믿음이 강한 사람이 영구적으로 몸 담을 직업은 못 된다고 여겨짐에,

앞으로 二년간만 계속하다가 대학 강단에 뜻이 있으면 책임지고 내가 주선해 볼 작정이네.

조군의 직업 전환에 전적으로 의견을 같이하는 것일세. 매스콤에 있는 동안이라면 사나이 세계 속의 자세를, 속칭 기분파 인생에 동조하겠네.

부인과 함께 한 번 찾아 주길 바라면서 이만 줄이네.

섬마을 휴기기

존경하는 선생님.

여기는 잔물결 일렁이는 서해의 고도(孤島) 영흥—선제리라고 불려집니다.

이곳에 첫발을 디딘 저로서는 억만년 비바람에 깎기고 씻기운 암석의 위용을 카메라에 연거푸 담았읍니다.

생각 이상으로 순박함이 없는, 섬사람 특유의 거칠고도 모로 진 점을 마다않는 사나운 인상을 짙게 풍겨주어 섬마을 이미지는 탐탁스럽지 못했읍니다.

섬마을 아씨의 귀이함과 그림 묘사에 불과할 따름, 소라의 줄줄이 이어온 아롱진 사연도 옛말이 되고 말았읍니다.

도심(都心)을 떠난 첫날밤—흙내음과 갯벌에서 몰고온 어슬픈 바람은 다른 시골이나 다름없이 모기 놈들에게 뜯긴 길고 지리한 시들어진 밤 그것이었읍니다.

×　　　　　×　　　　　×

몇 권의 책은 준비 하였지만 읽을 기회가 주어지지 않았으며, 철부지 꼬마들과 명랑오락회도 신통치를 못했읍니다. 차라리 서커스 단원이라도 되었더라면 하는 생각이 간절했읍니다.

존경하는 선생님.

며칠을 머무르는 동안 처음에 느꼈던 인상과는 달리 그런대로 보람을 느낄 수 있었음에 선생님이 지칭해 주신 휴가전선은 승승장구—발길 닿는 곳 마다 분에넘친 대우를 받았읍니다.

물론 이 섬마을의 유일한 정신적 지주인 전도사님의 배려도 그렇지만, 구락부 형식의 중학 코―스를 신설하여 몸소 지도함에 휴가의 의미는 최고조에 달했읍니다. 덧붙인다면 꿩먹고 알먹는 격의 봉사와 휴양의 이중(二重) 효과를 본 셈입니다.

꼬마 녀석들과 차츰 정이 들고, 밭이랑을 매고 있는 아낙네와 구슬땀도 흘리며 보리밥에 상치쌈도 함께 했읍니다.

존경하는 선생님,

이 글월을 띄운 다음날이면 정든 순자며 바으놈과―상치쌈 권하던 아낙네의 소박한 마음씨는 또 어찌해야 될는지. 두런두런한 심정일 따름입니다. 첫날의 불만은 끝날의 만족으로, 아쉬움의 장(章)으로 섬마을 휴가기(記)는 끝맺음 되는 것 같습니다.

선생님의 평안을 비옵니다.

섬마을 선제에서
○○ 드림

주례를 부탁하며

○○선생님 보옵소서

선생님 그동안 안녕하시며 사모님께서도 기력이 여전하신지요.

갑작스럽게 글월을 올리게 됨은 ○○○와 저는 오는 ×월×일 × 예식장에서 결혼식을 올리기로 되었읍니다. 저희들의 앞날을 진심으로 지도해 주실 분은 존경하는 선생님뿐이어서 주례로 모시고자 이 상서를 올리는 것입니다.

선생님께서 만사를 뒤로 미루면서 기뻐해 주시고 허락하리라 믿사오나 당일의 예정에 큰 차질은 없을는지요.

찾아 뵙고 청을 드림이 예의인 줄 압니다만 하는 것 없이 분주하기만 해서 당돌함을 무릅쓰고 존경하는 선생님께 상서 (上書)로써 이에 대신하는 바입니다. 선생님과 댁내에 만복이 깃들기를 빌면서 대강 줄입니다.

고향에 찾아드니

그간도 안녕하시오며 별일 없는지요.. 이선생 곁을 떠나 온 소생은 탈 없이 고향에 안착했읍니다.

항시 이선생께서 소생 때문에 누가 끼쳐지지나 않을까 염려 되옵니다.

처음 목적지는 고향이 아니었는데 남해를 찾아 화○사에 찾아 갔더이다. 허나 이선생께 말씀드린 그 스님께서 아직 오질 아니 했더이다.

끔만 같던 일들이 순간순간 지나가듯이 제 가는 길이 순탄하지 못할 것을 알면서도 그 일에 손을 뗄 수는 없다고 생각합니다.

고향에 찾아드니 부모님께서는 따듯이 반기는데 미흡한 제 자신이 한없이 원망스럽습니다.

이선생.

소식 하나 묻겠읍니다.

소생에 대한 근황이 어떻게 전개 되고 있는지 이선생께서 다망하신 중이라도 소상이 밝혀 전하여 주시면 감사하겠읍니다.

얽히고 섥힌 그 사건들이 어떻게 처리 될런지 초조하고 불안한 이 심정이 지끔 자연과 벗하고는 있읍니다만 마음은 그곳에 가있읍니다.

모쪼록 가내의 번영과 평안이 깃들기를 기원하오며 또 봄소식 전하겠읍니다.

고향에서

민 규 드림

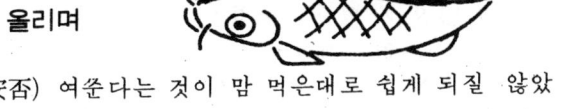

K선생님께 올리며

진작부터 안부 (安否) 여쭌다는 것이 맘 먹은대로 쉽게 되질 않았읍니다.

그러면서도 또다시 한 해는 저물어만 갑니다.

선생님의 근황 (近況) 을 일부 (一部) 메스컴을 통하여 접 (接) 하고 다소나마 위안 (慰安) 을 가질 수 있었읍니다. 무엇보담 선생님의 그 건강 (健康) 이 근심스러웠는데다 더구나 피맺힌 설움으로 응어리진 그 회복 (恢復) 자체가 시간을 요 (要) 하므로 가슴을 죄이게 했읍니다.

아뭏든 옥체가 회복 단계 (段階) 에 있는것 같아서 감사하는 마음을 가져 봅니다. 이를테면 선생님의 건강과 이 순간 (瞬間) 까지 건재 (健在) 하심에 대해선 신 (神) 의 보살핌이 각별하지 않았나 사료 (思料) 되어 인간은 약한 것, 인간은 요사 (妖邪) 스런 것, 인간은 이기적 (利己的) 인 것이라고 스스로 느껴 보는 것입니다. 아무런 믿음을 갖지않은 제가 신 (神) 을 들먹이는 자체가 아이러니가 아닐 수 없겠기에 말입니다.

사실 이 말씀은 인간이 가장 약할 때 아무런 거리낌 없이「하느님하고 합장하는 그런 얄궂은 자구 (自救) 행위가 무의식 중에 표출 되기 때문에 일리 (一理) 를 부여해 보는 것입니다.

110

타인 (他人) 들이 말 하기를 선생님은 명 (命) 이 길다고 해서 한바탕 웃기도 했읍니다.

존경하는 선생님.

정객 (政客) 중 흔치 않는 정력가로 손꼽히는 선생님의 그 불타는, 그 젊디 젊은 활력의 건강스런 참 모습을, 지금은 한갖 지난날이 되었지만 언젠가 많은 감동을 주던 그 사월의 봄날—그 어느 때 처럼 뵈올 수 있을 지 비록 신앙심은 없는 저이지만 어쩔수 없이 항시 (恒時) 신의 가호 (加護) 를 빌어 보겠읍니다.

이점 이해를 바라면서 원컨대는 선생님께서 건강이 완쾌되신 후라면 나라와 민족 (民族) 을 위해서 아무리 가시밭 고행 길이라도 우국 충정으로 한 걸음 한 걸음 딛어야만 될 것 같습니다.

내일 (来日) 이 있기에 오늘을 불사할 수도 있으나, 흔히들 무엇에도 한계 (限界) 가 있다고 하였거늘 사불범정 (邪不犯正) 의 일념 (一念) 으로 그늘 없는 내일을 다져야만 되겠기에 말입니다.

×　　　　×　　　　×

정치에 정 (政) 자도 잘 모르는 제가 감히 선생님께 올리고자 함은 선생님의 뜻하시는 바가 현 싯점에서 막연하나마 대도 (大道) 에 어긋나지 않는다면 소신대로 굴 (屈) 함이 없이 행 (行) 하시기 원 (願) 합니다.

작년 팔월 그 사건 (事件) 이래로 영 육이 지칠대로 지쳐버린 이 즈음 어떤 명분에서라도 조그만 심려일망정 드리지 않으려 인간적인 도리란 것을 알면서도, 이처럼 난세가 심화 일로로만 치닫는 것을 알면서도—선생님, 이 말없는 눈방울을 의식하여 주십시오. 이 울분에 시들어진 작은 눈방울을 지켜 주십시오. 이 고인 눈물을 말끔히 씻어 주십시오.

무슨 말을 할라치면 이내 사그라지는 무기력한 존재임을 때로는 한탄도 해보았읍니다. 저주도 해 보았읍니다.

그러나 선생님.

도도히 흐르는 강물처럼 쉬임없이 시간은 흐를 것이며, 그러노라면 역사는 증명할 것입니다.

×　　　　×　　　　×

그토록 그리던 행복한 보금자리에 사랑을 깔고 드높은 창공의 저
별과 달무리에 묻혀 내 사랑 내 조국이 어느 국가에도 뒤질 수 없다
는 것을 뇌이며. 찬란한 역사와 눈부신 정치·경제의 성장으로 너와
내가 참을 알고 참을 존중하는 그런 풍토에서 자자손손 카인의 후예
됨을 떳떳이 자랑케하고, 봄·여름·가을·겨울 사시 (四時) 마다의
찬가를 읊조리며, 흙 내음, 강바람, 아름다운 자연을 만끽하면서 이
것이「대한」(大韓)이다. 이것이「조국」이다. 라는 우렁찬 메아리가
방방곡곡 울러 퍼질 것을, 그런 그러한 내 나라를 역사는 말 해 줄
것입니다.

제 자신의 기원이자 선생님의 기원이기도한—우리 모두의 기원인
「참」(真)으로만 번영할 수 있는 그날이 단순한 기원으로만 그칠 것
이 아니라 도래할 날이 있으리라 확신 합니다.

더는 미워하지 않고 서로를 믿으면서 손에 손을 맞잡아 내일의 유
기력 (有気力)한 새역사의 민주 시민으로 부끄럼없이 삶을 이어 가
리라고 믿습니다. 아니 그렇게 꼭 믿고 싶습니다. 왜냐면 선생님이
계시기 때문입니다.

존경하는 선생님. 행여나 무료한 시간이 있을까 봐서 철학서적 한
권을 보냅니다. 제대로 접해질지 해저무는 이시각 두런두런한 마음
으로 필을 줄일까 합니다.

조속한 건강 회복을 앙원 (仰願)하면서 선생님 댁내에 평화와 영
광이 함께 하길 빕니다.

항도에서
김 ○○배

선배 언니께

언니.

질투라고 하기엔 너무 화려한 표현이겠지만 지금 제 마음 하는 것은 그런 감정에만 젖어 있읍니다.

몇 발자국 떨어진 곳에서 또 다른 친구와 노닥이고 있는 치구를 혼자서 멀거니 기다리다 보면 내 자신이 왜 그다지도 초라해 보이는 건지 모르겠읍니다.

외로운 걸까?

혼자서 투덜대고 가는 내 모습을 바라볼 뭇시선들이 따갑게 발잔등에 와 느껴지는 외로움입니다. 시집은 안가고 혼자살고 싶지만 주위의 눈이 두렵다던 앵무새 같은 계집애의 넋두리와 흡사한 것이라고요. 조금의 낯 붉힘도 없이 「애인」이라는 단어를 들먹이는 아이들 사이에선 빠져 나가고픈 초조감을 느낍니다.

얼마 만큼의 거리와 얼마 만큼의 깊이를 느끼고 하는 얘긴지 의아스럽기만 합니다. 아니, 어쩌면 이런 것도 일종의 질투, 감정일 것입니다. 마음을 도려내어 주고 싶도록 아끼는 사람이 있으면서도 선뜻 애인이라는 말로 대신해 부를 수 없는―미적지근한 내 성격에 비해 몹시도 뜨거울 수 있는 그들에게로 향한 질투 감정 말입니다.

『친구야, 먼 훗날 생각하면 지금의 이 멍에들도 한갓 바람에 지나지 않을 것을……

봄에는 여름으로 미루고 그 무더운 여름엔 가을로 미루었던 우리의 화사한 삶의 설계를 다가오는 계절엔 꼭 이루어 보자꾸나. 그 계절엔 우리의 웃음소리 사이로 눈이 나부낄 테고 우리의 모두어 진 손등 위로 추위는 지나칠 게다.

착실한 언어를 찾아내려는 설레임은 저만치로 미뤄 버리고자 주제넘는 것으로라도 단 한 잔의 코오피를 마시며 벤쵸스에 묻혀보자.』

언니!

어서 돌아서야만 될 것 같습니다.

어제는 어처구니없이도 울어버린 그 친구의 면전으로 말입니다.

그리고 이 어줍잖은 지껄임으로라도 그녀의 마음을 녹여줘야 겠읍니다. 그녀가 웃으면 나 역시도 웃을 수 있을 테니까요.

다음에 또 언니께로―

안녕을. 안녕을 빌께요.

개업을 축하하며

조군!

모든 것이 쓸쓸하기만 하는 겨울의 문턱에서 낙엽지는 소리에 휑한 가슴을 안고 어디론가 발길 닿는 대로 가고픈 11월일 듯하네.

이런 감각적인 즈음에 조군이 보내준 개점 안내장은 마냥 우리를 흐뭇하게 해 주었음은 숨길 수 없는 사실이지. 책방 (상명당) 이름도 무난하고 장소도 그럴싸해서 많은 가능성을 시사해 주는 듯하네.

양서 (良書) 만을 취급하겠다는 조군의 경영 방침은 시의 (時宜) 에 맞는 것으로 많은 독자군 (読者群) 을 형성하리라 생각하네. 옛부터 이름있는 ○○촌에 개척자로서의 긍지와 보다 큰 사명감을 의식하며 해묵은 자신을 팽개쳐버린 조군의 영단에 앞날은 밝을 것이며 조군을 아는 모든 사람은 찬사를 아끼지 않을 걸세.

주식인 쌀이 우리의 육체적인 양식이라면 책은 정신적인 마음의 양식일 테니 이 양식을 보급하는데 있어 영리에만 급급하지 말아주길 주저넘게 당부도 해둘까. 그래서 ○○촌의 모든 주민 학생들이 믿고 찾아올 수 있도록 말일세.

그날―개점 첫날은 본인이 제일착 손님이 돼보고 싶으나 사정이 어떨지 좌우지간 노력하겠네.

학창시절이나 졸업 후에도 문학이랍시고 책과 더불어 소일하던 조군이라 더욱 의미가 있을 것이며 고객들에겐 책임있는 독서상담에 응해 주리라 믿어보아 장안의 화제는 귀점에 쏠릴 것이 분명하다.

학사 출신인 조군이 서적가에 뛰어들어 책을 외면하는 국민을, 책을 읽는 국민으로 계몽하는데 일익을 담당한 것과 때를 같이하여 조군의 즐거운 비명소리도 들리듯 해서 그지없이 기쁘네.

우선 시간이 허락질 못하여 간단한 축하 편지로 귀점의 번영을 마음에 다하여 빌어주네.

나라 사랑의 길

—봉사활동을 끝내고—

하늘이 푸르고 햇빛이 밝은 칠월 어느 날 방학을 앞둔 며칠 전이었읍니다.

××원호지청에서 김××선생님으로부터 「국가유공자 자녀 하기 학생봉사단」을 조직하기 위한 준비차 ○○여고에 오셨읍니다.

남학생인 ○○중고생 七○여명과 함께 ××지구 봉사활동반을 조직한다는 것입니다. 처음 말을 들었을 때 우둔한 제 생각으로서는 무슨 쓸데 없는 짓을 할까? 오히려 의아심만 앞섰으며 협조하고 싶은 생각이 적어 방학이 시작되면 다른 친우들과 어울려 재미있게 지낼 꿈만 꾸었읍니다.

그러나 방학을 하루 앞둔 우리 ○○여중고생 三○여명은 우리학교 선생님의 인솔하에 ○○고등학교 교정에 모여 남학생과 같이 백여명이 봉사단 결단식을 끝냈읍니다. 지청장님의 치사와 ○○고등학교장의 격려사에 이어 봉사단 결단 경위 및 활동 계획 설명이 있었읍니다. 과과

이때부터 내 마음은 우둔한 유자녀에 그치지 않았읍니다.

나의 아버지가 조국이 위기에 처한 六·二五를 전후, 군에 입대하여 김 일성 괴뢰군과 중공 오랑캐군을 맞아 용감히 조국을 구하다 적의 총탄에 맞아 풀잎의 이슬이 되어 사라졌고 우리의 호적에는 아버지의 전사기록이 기재되고 어머니는 미망인이 되었으며 나와 내 동생은 유자녀가 되었읍니다.

국가에서는 우리를 도와 주기 위하여 매년 매기마다 보상금과 학비를 주었고 학교에서는 학비를 면제해 주었읍니다.

법이 무엇인지조차 모르는 내 나이에서는 국가의 당연한 보상으로만 여겼읍니다.

그러나 오늘 지청장님과 학교장님의 말씀을 듣고 보니 우리 아버지가 얼마나 위대한 일을 하셨는가를 새삼느끼고 국가가 어려운 형편에서도 대통령각하의 은혜로 5·16혁명 이후 각종 원호법 제정으로, 우리가 큰 도움을 받고 있음을 절실히 느낀 것입니다.

하기봉사 활동에는 더없이 누구보다 충실하기로 했읍니다. 7. 27일부터 하기봉사단의 활동은 시작되었읍니다.

봉사단원 백여명 중 하루 평균 80여명이 기꺼이 일했읍니다. 모두가 내 맘같이 봉사활동을 자랑스럽게 여겼나 봅니다.

지청에서 이곳 ××의 각 기관과 협조하여 짜놓은 일정과 봉사계획에 의거, 우리는 구슬같은 땀을 흘리며 도시 미화작업, 꽃길 가꾸기, 골목길 청소 등등 또 아빠의 영혼이 잠든 ××공원의 충혼탑 주위 미화작업도 하고 공원길을 단장하기도 했읍니다.

무더운 여름의 노력 봉사는 힘에 겨웁기도 했으나 적당히 쉬고 적당히 작업을 한 결과는 그렇게 어렵지 않게 하나 둘…손된 작업이 끝나갔읍니다.

깨끗해진 거리 미화된 도시의 거리는 지나는 사람들의 격려와 찬사가 줄지었고 우리들은 즐거운 찬사에 고된 줄 모르고 땀을 흘리기도 했읍니다.

작업이 끝난 이후 보람은 적진을 정복한 군인의 마음이 이 정도일 것이라고 생각했읍니다.

八월 三일 우리들의 봉사 활동은 일단 끝났읍니다. 일주일의 보람있고 재미있었던 이런 봉사 사업이 어찌 우리들의 자율적인 활동이 되지 못하고 지청에서 봉사단을 조직해 주어서 타율적으로 했는가를—우리들은 자율적인 봉사단을 조직하고자 몇몇 뜻있는 벗들의 의견을 종합해 보았읍니다.

모두가 찬성했읍니다.

내년의 활동 계획과 활동 부서를 서로 정했읍니다.

이렇게 한 우리 단원들은 또 만나자는 굳은 결의밑에 우리를 지원해준 여러 어른과 벗들의 격려 속에서 해단식을 가진 것입니다.

이 하잘것 없는 글월이 「나라 사랑의 길」에 참고가 되 줄 것을 소녀는—우리 봉사단원은 두손 모아 빕니다.

八월 八일

○○여고 二학년

이 민숙 드림

〈註〉: 이 글은 편지라기 보다는 일종의 보고서인데, 국가 유공자
녀인 여학생이 하기 휴가를 맞아 지역개발에 참여, 비지땀을 흘리며
봉사한 그 전말을 소개한 것이다. 국가로부터 상당한 혜택을 받고
있는 원호대상 자녀로서 긍지와 사명감을 피부로 느끼게 해 주는 순
진하면서도 공감이 가는 글을 상부기관에 전한 것이다.

나라 사랑의 길이 많기도 하겠지만 그것을 찾아 행동에 옮기기란
그렇게 쉽지는 않다. 국가에 대한 고마움을 아는 지혜로운 국민이
될 때, 그 나라는 전도가 양양한 것이다.

어린 여학생의 봉사활동이 빙산일각에 지날지는 모르나, 그런 투
철한 정신이 곧 애국 애족의 지름길이 됨을 의심할 바 없다.

제3장 계절의 편지

사랑하는 것은
사랑 받느니 보다 행복 하나니라
오늘도 나는 너에게 편지를 쓰나니
그리운 이여 그러면 안녕!
설령 이것이 이세상 마지막 인사가 될지라도
사랑하였으므로
나는 진정 행복하였노라.
　　—청마의 애가중에서—

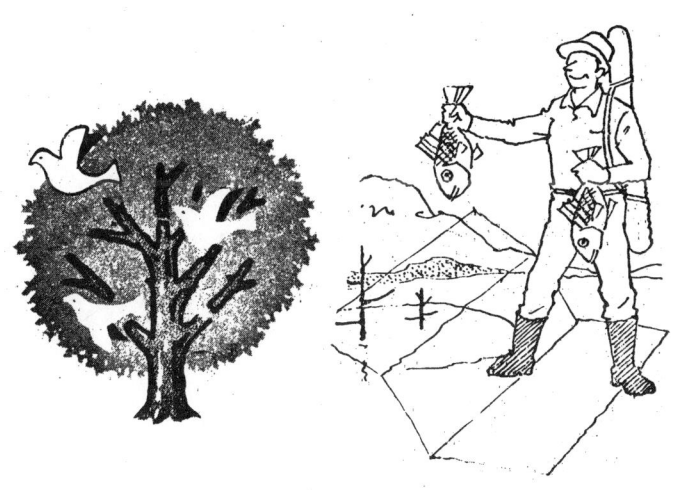

그리움은 가슴 가득히

— 봄에 쓰는 편지 —

내가 설 땅은 어딘지

오늘은 이상하게 봄비가 내리었지요.

무엇을 생각하다가 글을 쓰고 싶은 충동으로 이렇게 되었습니다. 이유야 어느 것에서부터 기인한다 하더라도 마음의 변화는 큰 효과를 거둘 수가 없나 봅니다.

3월 28일 전역 되었습니다.

성원으로—.

지금껏 누워서 천정에 새겨진 옛사람들의 전철을 계산하기에 골몰하고 있나 봅니다.

막상 제대를 하고 난 지금 흐트러진 집안을 정리하려고 하고 있읍니다.

4월 18일 남가좌동으로 이사를 합니다. 또 나 혼자의 생활이 연속되는가 봅니다.

서울에 남은 3 남매.

4 남매는 몇 만리 미국의 하늘 아래서 고향에 대한 그리움을 기억하고 있으리요만—.

너무 늦게 소식 띄워 미안합니다.

보고픈 마음보다도 죄송함은 더욱 진해집니다. 친구들도 거의 결혼 하였지요.

가장 시급한 것은 취직을 해야지요.

어디를 어떻게 할까?

선택의 영역을 누릴 수 있는 나도 아님은—

안형.

이제 정말 제대한 지 3 일이 되는 날. 아직도 아무 친구도 만나지 못하였소. 그러나 며칠 안되는 시간, 2 시간 사이에 쌓이는 번민은 다시금 웅이의 옛 생활을 다시 찾은 듯 하지요.

어떻게 헤어날 수 있을까.

「난 항상 운이 좋았다」하고 뭣 있는 체면술을 도입이라도 해보았
으면……

지금 10시
밖으로 뛰쳐나가 그 무엇을 노래하고, 그 무엇을 논하고, 그 무엇
을 보고 싶으오이다.

다음에 다시 주소가 결정되면 알리겠읍니다. 그럼 안—녕을

웅이가 전하면서

내일(来日)의 문을 열며

그대들이여!
어두운 밤이었기에 찬란한 새벽의 뜻을 알았고, 좁고 험한 땅에서
갇혀 있었기에 넓은 하늘을 향해 날개를 펴는 높은 마음이 있었소.
니상(泥上)에서 도리어 꽃을 피우고, 눈물 속에서 웃음을 찾아낸
역설(逆説)의 민족이었기에 하루 이틀이 아닌 여러 천년의 고난(苦
難) 속에서도 결코 남의 머슴 노릇은 하지 않았소.
아직도 우리는 내 나라 땅에서 내 나라 말르 우리들의 운명을 이
야기 하는 것이며,
그러기에 우리의 역사를 짧게 보면 억울하고 슬픈 패배(敗北)의
기록들이었지만, 길게 훑어보면 대견스럽고 꿋꿋한 승리(勝利)의 기
록이었소.
대체 그 많은 시련을 이겨온 한국인(韓國人)의 슬기는 무엇이었
는가? 대체 무슨 힘이었기에, 무슨 뜻이었기에, 무슨 넋이었기에,
저리도 많은 역사(歷史)의 가혹한 매질 속에서도 허리를 펴고 다시
일어서는가?
그대들이여!
지금 또 우리는 많은 수난(受難)과 그 시련에 짓눌리고 있어도 수
천년(數千年)을 살아온 그 자신(自信)으로 천년의 앞날을 내다보는

것이라오.

우리 모두 밤의 언어를 새벽의 언어로 바꾸어 나간 이 민족 (民族) 의 슬기를 열기 위해서 여기 힘찬 발을 디뎌 미래의 지평 (地平) 을 향해 서야겠고, 그러기에 내일 (來日) 의 문을 활짝 열어 맑디맑은 새벽 공기를 한껏 들이켜야겠소. 이 모든 것이 그대들—내일의 문턱 에서 꽃피어지리오. —〈K신문 한국특집에서 문구인용〉

당신의 봄은 왔는데

수줍기만 한 소녀 (小女) 의 미소 같은 三월은 가고 바야흐로 향기 짙어가는 四월은 왔읍니다.

먼 산의 아지랑이 장막을 헤치고 산과 들엔 새 봄옷을 갈아 입은 생기 (生氣) 발랄한 뿌듯함이 서려있는 그런 감각적인 당신의 봄일 성 싶습니다.

상쾌한 옷차림으로 나들이에 맘설레는 아가씨가 거울 앞에서 한껏 부풀어오른 젖가슴을 가만 손대고—이윽고 기름진 곡선미에 얼굴을 붉히는 그 알듯 모를 듯한 미소에 젖어보는 계절인진대 이럴 바에는 차라리 한 줄 아니 몇 십장이라도 부족한 당신과 나와의 대화— 사 랑의 밀어를 꽃피워야 할 것입니다.

혼탁한 도심을 벗어나 파릇파릇한 청순한 풀내음과 흙냄새를 물씬 같으며 진정 당신의 봄은 익어가는 것입니다.

개울가의 새싹들이 저마다 따사로운 봄기운에 긴 호흡을 드리울 때면, 당신은 싱그러운 생명감에 솟구쳐 생명에의 의지 (意志) 를 배 우게 될 것입니다.

분명 봄은 여성의 계절이요, 피어나는 시작하는 계절입니다. 겨우 내 굳게 닫혔던 창문을 열고 몇 십겹 쌓였던 먼지를 터노라면 꽃잎 이 피는 때를 같이 하여 당신의 마음 또한 만개 (滿開) 되는 것입니 다.

꽃봉우리 사연을 멀리멀리 띄우고 그러다가 기다림 속에서만 우 짖던 수액 (樹液) 의 열정이 봄의 향기를 흩날릴라치면 아리따운 당

신의 꽃—정열의 살구꽃이랑 개나리가 어느 결엔지 당신의 마음을
한없이 어루만져 줄 것입니다.

닫혔던 가슴을, 마음 가장자리에 도사린 그리움의 씨앗을 뿌리게
하는 봄바람이 아가씨의 치맛자락에 잠시 쉬어 갈 때 당신은 주저없
이 바른손에 호미를 쥐어 사랑의 씨앗, 결정의 씨앗, 모두모두를 심
어야겠읍니다.

그래서 당신의 가슴 아득한 그리움일랑 몽땅 봄바람에 날리면서
스스럼없이 알뜰하고 살뜰하게 가꾸어 애정의 결실, 청춘의 결실,
내일에의 결실을 맺어야 할 것입니다.

당신이여 !

당신의 소망이라면 이 봄은 정녕 당신의 것입니다.

당신으로부터 봄의 속삭임을 들으며 안녕을 고합니다.

친구의 길을 밝혀주오

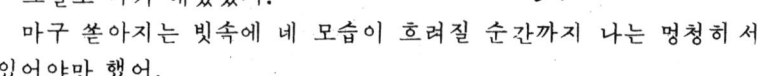

경 !

그날도 비가 내렸었지.

마구 쏟아지는 빗속에 네 모습이 흐려질 순간까지 나는 멍청히 서
있어야만 했어.

그것이 너와 나의 마지막이었지.

이제 그리움의 창가에서 설움과 고독에 가득찼던 너의 눈빛 속을
다정스레이 달리지 못했던 내가 무척이나 미워지기만 해.

그날따라 오빠가 보고 싶다고 눈물을 먹이며 한 송이 꽃을 사서
양지바른 곳에 고이 잠든 오빠의 묘지가 있는 벽제리를 향했지.

경 !

오빠를 찾던 그날은 유달리 청명한 하늘이었고 포근한 날씨였지. 잔
디에 앉은 너와 난 창공을 우러러침묵을 흘리며 팔짱을 끼고 있었지.

오빠 곁에 있는 동생이 가엾지 않냐고—그 한 마디 뿐으로.

끝내는 울음을 터뜨리고 슬픔은 더하기만 했지.

울지마 경아

누구나 한 번은 가야하는 것인데 뭘.

가서는 안 될 젊음을 지녔기에……

눈물을 멈추질 않는 게지. 망각이란 세월 속에 묻혀 지는거야.

경아!

그 고운 눈망울에 이슬이 맺혀서야 되련. 나만을 믿고 살아 보겠다는 너—못난 친구는 할 말이 없구나. 비 내리던 그날에 너를 잡아 두질 못하고—보고 싶어진다. 내 자신이 미워진다.

경아 행복해 다오.

행복은 노력하는 자에겐 있어 줄 것이니 뼈를 깎는 고통이라도 참아다오.

오늘은 네 생각에 흐느꼈단다.

경! 부디 안녕을——

타인에게 대화의 광장을

단군의 후예라는 것 외에는 아무런 관계도 없는 남이라는 사이.

그래도 무언가 못내 기다려지는 것이 꼭 있어야 할 것 같고, 대체로 뭔가 찾아 주어야만 하겠다는 바램 뿐인데…

격리된 환자마냥 염증을 느낄 정도로 고정된 생활을 하다보니 높으신 양반들의 마주친 눈동자 속에 마음에도 없는 미소라도 보내 주어야만 하는 현실은 차라리 역겨운 시간의 흐름이 아닐 수 없읍니다.

하지만,

참으로 나라는 인간은 어처구니 없는 미침의 소망을 갈구 하는지도 모르겠다오. 뭣 때문에 펜을 잡아 하찮은 얘길 쓰려고 이런 자세를 취하고 있음이 말이외다.

순간적으로 화려를 동경해서 일까?

모르는 이에게 한오라기 확신을 지니지 못한 채로 토해보는 기적을 바랜 흥미없는 자기 설명—하기야 사람은 한 번쯤 그의 생애중 남에게 설명 하고픈 때가 있다고 하더외다.

나목의 목마름 같은 어줍잖은 외롬이나 고독 따위에서 헤어나지 못해 아우성치는 것은 아니외다.

굴곡진 화음의 악보에 서투른 곡예사의 눈물겨운 회설이 있듯이, 지금은 오직 가슴 부품의 의미를 알아주는 타인에게 무엇인가 써 보고싶은 심정에서 드리우는 글월인 줄 생각하여주오.

삶이란 주제하에 살폰히 펼쳐지는 젊음의 대화—

숱한 밀어가 오가는 고차원의 이상향에서 미와 정을 제조하는 푸르른 낭만이 타인의 인연 아래 차분히 장식되리라 믿어 보는 거라오.

설령 지나쳤다손치더라도 아량을 적절하게 발휘하시고—그러노라면 자신의 옹졸함을 뉘우쳐 볼 것이외다.

세찬 빌딩가의 한 페이지를 넘기면서 잠시 명상에 잠겨 보았다오.

실례는 몽땅 드리고 이 운수 좋은 날에도 안녕을 빌 따름이오.

○○년 ○일

영기 글

어머님 용서 하옵소서

어머님!

당신의 불효자식은 불러 봅니다.

기분이 스산할 때나 몹시 지쳤을 때 어머니하고 부르게 되면 마음 속에서 용기가 솟아오르고 또한 마음이 부드러워집니다.

어머님!

외로울 때 가만히 어머니라고 불러보면 그지없이 맑고 아름다운 눈물이 하염없이 흐릅니다. 어머니를 생각할 때마다 제 마음 모든 것은 깨끗해집니다. 세속(世俗)에 시달린 마음을 크게 감싸주고 어루만져 주는 것, 그것이 어머님이십니다.

낳으실 때 괴로움 다 잊으시고
기르실 때 밤 낮으로 애쓰는 마음
진자리 마른자리 갈아 뉘시며
손 발이 다 닳도록 고생하시네
하늘 아래 그 무엇이 넓다하리오
어머님의 희생은 가이 없어라.

― 〈양주동〉 ―

어머님!

남존여비의 한국적인 풍조 속에서 며느리로서는 모시는 어버이들의 비위를 맞추어야 했고, 아내로서는 바깥 양반의 출입을 위해 사시사철 집안을 지키며 살림을 꾸려가야 했읍니다.

인종 (忍從) 이 미덕이었다면 어머니에게는 그것이 고초 (苦楚) 였을 것이 분명합니다. 열을 뿜는 어린것을 둘러 업고 몇 십리길을 달려 병원을 찾아간 어머니, 몇 밤을 병든 어린것의 머리맡에서 지새워야 했던 어머니, 당신은 굶으시면서도 어린 자식에게는 끼니를 잇게 안간 힘을 다하던 어머니, 남편의 횡포가 서러워도 홀로 굴뚝 옆을 찾아가 어린 것들에게 한사코 당신의 눈물을 보이지 않으려고 한 어머니, 그런 가운데서 어머니의 이마엔 주름살이 잡혀만 갔었던 것입니다.

어머님!

제 마음은 항상 어머니께 향하고 있읍니다만 편히 모시지 못하고 있음은 참으로 불효하기 그지없읍니다.

애써 스스로에 채찍질하며 어머니를 「모셔가자」했건만 이다지도 뜻대로 안 되는지, 어머님. 이 못난 자식을 그래도 자식이라고 당신은 춥지 않느냐, 배고프지 않느냐고 보살피실 겁니다.

어머님!

핏덩어리 어린것이 장정이 되고 사회의 일군이 되어 이제사 은혜를 갚을 수 있으리라 맘먹었지만 행동으로 옮기지 못하는 자식을 꾸짖어 주셔야겠읍니다.

어머님!

호미를 쥔 당신의 손마디가 그리도 굵어진 줄을, 휘어진 허리를,

희끗희끗해진 머리올을 어이하면 좋으시겠읍니까?

눈물이 앞을 가려줍니다..

당신의 불효자식이 어머니를 그렇게 변하게 한 것입니다. 용서를 빌어 달라는 작은 양심마저 저로선 없읍니다.

부디 오래오래 사시기를 두손 모아 비옵니다.

부산에 머무르고

사랑하는 보애씨 !

부산까지 무사히 도착하였읍니다.

으스름 어둠을 헤치고 동대문까지 전송나와 주셔서 무한한 기쁨을 감추지 못했읍니다. 잠시 후 버스가 터미널을 미끄러져 나갈 때 당신이 손수건을 흔들다가 이내 눈물을 훔치는 것을 볼 때는 나 역시 슬픈 마음 헤아릴 길 없었읍니다.

사랑하는 사람의 곁을 떠나는 것처럼 서러운 건 없다고 생각해봅니다. 나는 서울서 더 머무르고 싶으나 경제적인 관계도 있고 해서 어쩔 도리가 없읍니다.

이년만에 부산에 돌아오니 너무나도 많이 변해서 그야말로 감개무량 했읍니다. 직장관계로 해서 부산을 떠나고, 군대관계로 떠난 이래 이번이 처음이니만큼 어쩐지 이국에 온 이방인처럼 착잡함이 어릿어릿 했읍니다. 집에오니 온 식구들은 봄맞이에 골몰하였읍니다. 겨우내 묵었던 먼지도 털고 대문도 하늘색으로 새 단장을 하고 질펀한 하수구도 손질하고 있읍디다.

저녁 식사를 마치고 여독도 풀 겸 해서 해운대쪽으로 나가봤읍니다. 바닷바람이 보애씨를 충동질 하는 것 같습니다. 목도 컬컬하고 해서, 사시미에다 막걸리 몇 잔을 들이켰읍니다. 이 누의 술 맛은 별미였읍니다. 술이란 것은 세상의 어느 것 보다도 진실한 것입니다. 마시면 취하게 마련입니다. 그래서 술과 나와는 보애씨 다음가는 가까운 사이가 된 것입니다.

몸 생각을 해서 폭음은 삼가하고 있으니 그다지 신경쓰지 마시기 바랍니다.

당신을 만나게 된 것은 아무래도 남산의 케이블 카아가 한몫을 한 것 같습니다. 당신과 반년이 가깝도록 서울 근교의 등산이며, 명승 고적을, 영화관람을 다니던 생각이 새삼스럽습니다.

사랑하는 보애씨!

갑작스럽게 이별을 하고나니 애타는 마음 가눌길 없습니다. 내가 다시 서울가든지 보애씨가 부산으로 오든지 해야 사무친 정을 풀 수 있을 것 같습니다. 단 하루를 못보아도 이러할진대 앞날을 어떻게 보내야 할지 이러다간 얼빠진 사람 되기에 알맞습니다. 당신은 이 시간에 무슨 생각을 하고 있는지 아마도 나를 그리워하지 않고고 욕심껏 생각해봅니다.

보애씨!

우리의 장래를 어떻게 하면 좋을까요. 내가 생각하기로는 백년가약의 한길인 결혼뿐입니다. 당신의 나이도 금년이 고비일 듯싶은 적령기입니다. 나 또한 삼십고개에 턱걸이를 하고 있으니 때는 호시절, 당신과 나의 둘만의 세계가 열려지는 듯 합니다. 문제는 양가댁의 경제관계입니다. 구차한 살림살이에 한쌍을 짝지우려면 그리 쉽지만은 않습니다. 이런 것을 생각해서라도 돈을 벌어 봐야겠읍니다. 우선 나는 쥐꼬리만한 박봉생활을 청산하고 장사를 하렵니다. 장사하는 것이 좀 남들 보기에는 초라하게 보일지 모르나 장가는 내가 가는 것이고, 더구나, 돈 없으면 멀쩡한 병신이 되는 세상에 그런 것 구애 받을 하등의 이유가 없습니다.

사랑하는 보애씨!

점점 밤은 깊어갑니다. 서울은 아직도 추운데 이곳은 포근합니다. 당신과의 갖가지 아름다움을 가슴에 되새기면서 이 밤을 청하렵니다.

가급적이면 즉시 답서 주시기 바랍니다.

부산에서

당신의 민구

김 활란 박사 서거 일주기에

선생님 !

어딘가에 볼 일을 보러 가 계신 선생님을 그리워하며 이렇게 글월을 올리면 곧 답장을 주실 것만 같이 여겨집니다. 그리고 오늘 지금이라도 곧 학교로 돌아 오시겠다고 귀국 전보라도 주실 것처럼 믿어집니다.

이렇게……. 나들이 가신 어머님을 그리워하며 기다리는 심경인데 사람들은 벌써 일주기가 되었다고들 말하고 있고 이것이 현실인가 봅니다.

그러나 아무리 돌이켜 보아도 선생님께서는 우리를 아주 버리고 가신 것이 아니라는 생각만이 깊어집니다. 감사할 일이 있을 때나 어려운 일이 생길 때나 선생님의 자애로우시던 미소는 저희들의 마음을 떠나주신 적이 없고 온화하기 어머니이시었으면서 반석 같은 의지로 모든 일을 이끌어 주시던 그 든든한 뜻이 저희들을 끊임없이 밀어 주시고 계신 것을 알수 있기에 비록 이 땅을 떠나시기는 하셨지만 저희들을 버리신 것이 아니라는 것을 깨우쳐가고 있읍니다.

믿음과 사랑과 헌신으로 당신 한몸을 아끼신 일 없으시기에 조국의 먼 앞날을 위하여 가지가지 백년대계를 세우실 수 있었던 그 경륜, 선생님께서 뿌리시고 싹을 트여 가꾸시던 한국의 여성 교육이며 믿음의 세계, 그리고 애국애족 할 수 있는 국민정신의 기틀은 선생님 가신 뒤에 그 향취와 자취를 따라서 보람치게 익어가고 있읍니다.

조국 발전에 한평생을 아낌없이 바치시고 하나님을 향한 신앙의 자세로써 인간의 영혼을 하나하나 이끌어 영혼의 길잡이가 되시기를 그토록 원하시던 전도사업도 선생님의 뜻을 이어 조용하고 미덥게 앞으로 나아가고 있읍니다.

선생님께서 몸소 가르치신 무언의 실천은 저희들로 하여금 서로

130

의 정신의 아름다움을 찾도록 하셨고 그 힘은 남아있는 후배·, 자와 이웃과 겨레가 한데 합쳐 옳은 뜻과 발전을 향해 굳굳한 행진 을 하도록 만들어 주셨읍니다.

선생님의 유업을 받들어 온갖 정성을 다하여 일을 하면서도 문득 선생님의 말씀이 듣고 싶어지고 선생님이 일깨우심이 필요해질때면 그 때마다 선생님의 마지막 한 말씀이 눈물겹게 저희들을 격려하시 고는 합니다.

모든 영광은 하나님께 돌리고 나는 하나님의 부르심을 따라 그 품 으로 돌아가니 어느 누구도 슬퍼하지 말고 할렐루야 기쁨의 찬송을 불러달라 하신 말씀, 그트록 아낌없이 장엄한 의기로써 한평생을 마 처신 뜻은 선생님이 이 땅을 떠나신 것으로하여 더욱 생생한 일깨움 이 되어 살아옵니다.

선생님! 선생님께서는 저희들을 두고―떠나신 것이 아님을 저희 는 알겠읍니다. 이 땅에 다시 봄이 오고 모든 생물이 다시 새로운 목숨을 얻으며 그것이 거듭되어 세세민민보다 큰 순리를 따라 하늘 의 뜻이 이루어지듯이 선생님의 뜻은 이 땅에 길이 남겨져 보람과 영광을 거두리라 믿습니다.

선생님.

선생님이 누워계신 금란동산에는 이제 멀지 않아 봄풀이 푸르르 고 선생님께서 사랑하시던 가지가지 꽃들이 평화스럽게 피려고 합 니다.

그 뜻을 새기면서 애틋한 정을 달래려 하오니 선생님 안녕히 계시 옵소서.

〈註〉:이화여대 총장인 김옥길박사가 고 김활란박사 서거 일주기 를 맞아 추모의 정을 그린 애틋한 글이다.

타는 태양 물익는 바다

―여름에 쓰는 편지―

- ⊙ 임아! 꿈꾸며 살자
- ⊙ 그대의 여름이라면
- ⊙ 유묵 전시회에 초대하며
- ⊙ 직장 선배님에게
- ⊙ 가신 임 영전에
- ⊙ 사랑했으므로

임아 ! 꿈꾸며 살자

이름도 알 수 없는 풀벌레들의 합창 속에 나의 계절은 영글어고 있소이다.

짙어진 녹음아래 팔베개를 하고서 뭉개구름 흘러가는 먼 마음의 고향을 찾으려는 내 조그만 욕망이 살포시 드리워져 있소이다. 인생을 꿈꾸며 살자는 어느 현인(賢人)의 말처럼,

애리아 !

하나의 목적을 달성하고 하나의 사랑을 얻은 연후에 애리아 ! 당신은 무엇을 느낄 수 있으며 무엇을 해볼 심산이외까? 물론 당신은 정복자처럼 흐뭇한 쾌감에 한숨 돌리지만 자기 도취에서 오고말 허탈감 또한 느낄 것이외다. 그 하나의 목적과 사랑을 위하여 오매불망 가슴 죄며 무한한 꿈의 사연을 간직할 순간들이 맑고 숭고한 감정이 끊임없이 흐르고 있는 것이외다.

그런 것이 있었기에 희디흰 그윽한 향기의 아름다움을 헤아릴 수 있다는 말이외다.

애리아 !

허황한 꿈을 꿈으로 생각하기 보다는 부질없는 공상으로 여기긴 하지만 좀더 현실에 접근할 수 있는 친숙해 질 수 있는 꿈을 누구나가 가꾸고 가꾸어야 할 것이외다. 꿈을 먹고 꿈을 키우며 살아가는 것이 "인생의 오솔길이 될 듯 하외다. 인간의 욕망이 끝이 없듯이 꿈의 길 또한 망망대해일듯 싶소이다.

사랑하는 애리아 !

하지만,

꿈을 잃지 않고 산다는 것은 인간의 삶에 있어 고귀한 생동력을 비장해 주고있는 것이외다. 그 꿈에는 애모의 극치와 이상, 소망을 바라는 못다 핀 꽃망울의 다소곳함이 있는 것이외다. 해서 애리아, 당신이 꿈을 잃지 않음은 곧 애모의 극치, 이상, 소망등의 바램을 잃지 않는다는 그러한 말이외다. 설령 지난날의 꿈이 물거품처럼 사

라졌다손치더라도 당신은 쓰라린 상혼을 매만지며 옷깃을 여밀어 가면서도 또 다른 곱디마한 꿈을 가꾸어야 되겠소이다. 참 삶의 보람을 일깨우기 위함에서 말이외다.

애리아!

당신의 꿈에는 하고많은 신비성이 있는 것이외다. 이 애리아의 꿈이 현실화 될 수 있다면 그것은 너무나 아름다운 너무나 멋있는 동산의 세계가 될 것이외다. 그 당신의 꿈이 꼭 그렇게만 될 수는 없는 것이기에 분발을 배워야 했으며 천신각고를 배워야 했소이다. 결국은 현실에 존재하는 애리아! 당신은 꿈의 나라를 이젠 그리워하며 살고지는 것 같소이다.

그러나 애리아!

당신의 꿈은 꿈으로만 전락하는 것은 결코 아니외다. 애리아에겐 사랑을 하는 님이 있고 당신을 잠재울 비둘기 집도 있소이다. 당신과 함께 온갖 정회를 풀고 도톰한 그 입술에 서로를 묻어버리고 무쇠라도 녹일듯한 열화의 밤도 가질 수 있기에서 말이니 애써 가꾸어 주길!

뜨락엔 사시사철 피어나는 꽃을 심어 놓고 뒷동산 푸른 숲엔 당신의 지쳐진 육신을 머물고 가게 할 보금자리도 새로이 지어볼 것이외다. 어느 결에 이가 시리어도 좋을 물이 흐르고 슈베르트의 사랑의 세레나데가 없어도 좋을 새들의 우짖음이 있을 것이외다.

애리아!

당신의 사랑, 이상, 소망은 당신의 정열과 인내에 비례하여 정도의 차이는 있을망정 물거품처럼 되진 않을 것이외다. 덧없는 인생이라고 실소일랑 말고 자신을 채찍질하며 키워보는 것이외다. 당신 가슴마다에 스며진 청순한 꿈을 잠재우지 말고 물도 주고 거름도 주어 무럭무럭 자라나게 정성을 기울어야 되겠소이다.

순간적인 과오나 그릇된 판단으로 그 청순한 꿈을 돌이킬 수 없는 매몰로 자초해진 용허할 수 없는 것이외다. 진정으로 간원하나니 지난날의 헛된 꿈을 발판으로 앞날의 새로운 꿈을 가꿔 나감이 장래를 축복받을 수 있는 길이 되는 것이외다. 현실의 비운으로해서 앞길마저 막혀진다는 법은 없음에 밭을 갈아 씨도 뿌리고 물도 길어 밥도 지어 봐야겠소이다. 피땀의 댓가는 반드시 있는 것임에 내일에 산다는 신앙으로 비뚤어진 고삐를 바르게 잡아 게으름이 없는, 자학이 없는 애리아 본연의 자세를 보여 줘야 하는 것이외다.

오늘의 쓰라린 눈물을 삼키고 오로지 믿음으로 당신의 꿈을 가꾸어 주길 원하외다. 꿈꾸며 사는 인생살이에 꿈마저 없다면 달 없는 암혹의 밤만 있을 뿐이니 애써 가꾸어 주길!

그대의 여름이라면

찌는 더위 타는 태양이라면 그리운 이의 속삭임을 듣고픈 계절이외다.

한낮의 오수가 멎고 간 포푸라나무 그늘 밑에서 매미의 합창을 들으며 그대만을 생각하고 있는 사랑의 십자가를 짊어진 것이외다.

그대는 지난날의 이상화 (理想化) 한 사랑 때문에, 브라운이 말한 것처럼 「참된 애정에는 경이 (驚異) 가 있다. 수수께끼와 신비와 불가해 (不可解) 의 육체―어쨌든 거기에서는 두사람이 한 사람이 되는 또 두 사람도 되기 때문이다」라고 하는 사랑의 기적을 불원 (不願) 한단 말이외까.

아무리 그대가 빛바래진 추억이 흐르는 저 강물처럼 돌이킬 수 없다고 생각하며 녹음이 무르녹는 성숙한 이 계절에 망각의 샘을 찾으려 한다지만.

그대여! 사랑하는 이여.

결실의 가을을 향하여 짙푸른 잎새들이 저토록 향연을 베풀 때, 그대의 절박한 꿈은 깨어지고 오직 내게로 왔어야 했던 아쉬움이 끝내는 슬픈 피로움과 격렬한 욕망을 주고 간 것이외다.

그렇게도 뜨거웠던 가슴을 닫고, 시원한 바다와 푸르른 녹음 속에 그대의 귀로만을 위하여 끝없는 지평선 위에 펼쳐진 망막함을, 가혹한 시련을 겪어야 할 인내만의 계절을 사랑하는 이의 여름이라고 불러도 좋을는지―

인내라던가 기다림 같은 것은 보람의 씨앗을 잉태하게 해 주는 브약인 것이외다. 단 하나만의 태양과 하나만의 심장을 비치는 맑디맑은 그대의 눈과 그것을 위함에서 산도 넘고 물도 건너야 하는 것이외다.

그런데 그대는 육렇듯 잠자코만 있는 것이외까.

사랑을 위해 모든 것을 바치겠다던, 숱한 고난도 이겨 내겠다더니……그대의 사랑은 한여름날의 쇠붙이를 녹여주는 열열정정의 바로 그것이었더외다.

그대를 목메어 불러도 메아리는 없고 호롱불 밝히며 백날을 홀로지새워 보건만 슬픔의 강물은 끝없이 흐르기만 하외다. 지금 성숙한 계절 앞에 두손 모으고 그대의 여름을 얽어매야할 것이외다. 그대의 여름은 그렇게만 오갈 것이 애처롭다고 생각되외다.

유묵 전시회에 초대하며

천선생 !

오랜만에 소식 전하게 돼서 송구스럽습니다.

제 마음 속엔 언제나 자애스런 천선생이 큰 비중을 차지하고 있읍니다만 계절이 바뀌어가도 인사 한번 제대로 드리지 못했음을 용서 바랍니다.

다름아니옵고 아뢸 말씀은

조국 광복에 몸 바친 선열(先烈)들의 얼을 되새기며 광복절 스무일곱돌을 기념하는 민족 정기 선양 유묵(遺墨)서예 전시회가 8월 15일부터 일주일간 저희 회사주체로 경복궁 현대미술관에서 열리게 되었으므로 천선생을 모시고자 하니 부디 참석하여 주시기 바랍니다.

오로지 구국의열(救國義烈)과 혁명 선배들이 지난날 패망과 쓰린 역사를 분기하여 민족정기와 자주 노선을 브르짖던 선열들이 남긴 교훈을 바탕으로 한 줄의 필적과 문구를 더듬어 민족행진의 좌표로 설정코자 본사(本社)는 이 전시회를 갖게된 것입니다.

천선생 !

136

시시각각으로 변해가는 七○년대에서 남북·공동성명으로 민족의
염원인 남북통일의 대화가 이루어 진다는 준엄한 오늘의 싯점에서
이번 광복절은 다른 해와는 그 뜻을 달리하며 국민들의 자세를 바
로잡는 계기를 마련하는데 유묵 전시회의 그 의의는 크다고 생각합
니다.

천선생도 잘 알다시피 선열들의 유묵 필적이 글씨 자체에만 목적
이 있는 것이 아니라 그뜻을 전함에 있는 것같이 이번 전시회도 상
시우국(傷時憂國)하는 우리들의 뜻을 묻고, 동포들의 뜨거운대답을
듣고자함에 그 목적이 있는 것입니다.

사계에 그 권위를 자랑하고 있는 천선생이야말로 남다른 감회가
있을 것으로 믿어집니다.

이번 전시회에는 민영환 선생의 행초당시(行草唐詩)를 비롯하여
안중근, 손병희, 안창호, 윤봉길, 김구, 이승만 박사 등 많은 항일
독립투사들의 유묵 五十四점이 전시될 것입니다.

그런데 특기할만한 것은 대통령각하께서 「조국통일」이라는 휘호를
하사(下賜)하시어 이행사의 의의를 한층 뜻깊게 해 주고 있습니다.

이로써 우리의 머릿속에서 차츰 사라져가는 민족의 자주 독립 정
신을 고취시키고 아울러 국력 배양과 민족 번영의 획기적인 원동력
을 이루어 통일과업에 밑거름으로 삼아야 될 것 같습니다.

아뭏든 지금까지 유실(流失)돼 있던 순국 선열들의 유품이나 유묵
을 한자리에 모아 보존할 수 있는 독립운동 기념관 설립 문제에 관
해서도 그렇고 하니 천선생의 특별한 관심과 배전의 편달을 앙망합
니다.

천선생의 가내에 단복이 깃들기를 축원합니다.

八월 ×일

○○회 홍 길 동

직장 선배님에게

지금은 밤이 주는 고요 속에 모진 하룻날이 마감되는 ○시 三十○ 분 전입니다.

Y차장님과 석별의 정을 나눈 지가 벌써 두달째를 기록한 날입니다.

회고컨대 Y차장님이라는 공적인 직함을 떠나서 존경하는 선배님 으로 또는 형님으로 모시던 제가 눈물을 머금고 돌연 사직을 하지 않을 수 없을 때, 차마 후배 앞에서 눈물을 보이지 않으려는 그 마 지막 모습은 지워질 수 없는 인간적인 그것이었읍니다.

미우나 고우나 몇달 간을 머무르면서………

「발로 쓰라」는 교시를 하나의 생활철학으로 삼고 Y선배님의 지시 대로, 정확히 말씀드린다면 기계적인 행동으로 타인의 추종을 불허 하는 각종의 업무를 알차게 처리했던 것입니다.

Y선배님.

존경하는 형님!

학교를 갓졸업하고 세상물정에 어두운 후배였기에 짧은 직장 생활 에서, XX계의 최일선에서 많은 시행착오와 오류를 범하기도 했읍 니다. 대소 규모는 차지하더라도 한 회사의 자칭 간부진이라는 작자 들의 갖은 비인간적인 행위를 너무나 뼈저리게 너무나 가슴아프게 목도했음을 이젠 지난 과거로 돌려지기에 독백 같은 푸념을 감히 늘 어놓을 수 있는 것입니다.

Y선배님.

어느 누구보담 사랑해 주시고 아끼던 후배―그것도 선배님의 오른 팔 노릇을 하던 후배를 자의든 타의든 여하간에 자신의 심복을, 돌 아서면 옷깃을 여미는 뼈를 깎는 아픔을 참고서 진퇴를 분명케 해 주신 사나이다운 기질을 높이 평가할 수 있었기에 후배는 현재의 자기 위축에도 불구하고 선배님을 마음 속으로 찾는 것입니다.

XX계의 말단 사자(使者)로서 보람을 느꼈다면 Y선배님 같은 분을 모실 수 있었다는 바로 그것뿐입니다.

비단 실직(失職)생활에서 오는 비굴과 자기 혐오와 멸시 따위가 심연 깊숙이 깔리고 있을지라도 사나이의 기질을 배웠다는 그 하나의 역사(歷史)의 기록에서 숨을 조아리는 고통을 견뎌내고 있는 것 같습니다.

저로서는 아무런 미련도 두지않고 XX계와 절연을 작정했읍니다. 적어도 한 달 전부터 말입니다. Y선생님이 아무리 애써 주신다 하더라도 흔들림이 없을 겼입니다. Y선배님의 인간성과 XX 인으로서의 모든 것은 충심으로 존경합니다만 하고많은 XX자들이 가정을 갖고 있는 일개 가장으로선 고려해 볼만한 점이 한 두가지가 아니듯이 Y선배님 역시 그 범주를 벗어날 수는 없을 듯 싶습니다.

그런 관계로 해서 제가 선배님을 떠나 영원히 다른 직종에 몸담는다면 애오라지 서운하다고 말씀하시겠읍니까?

사나이로서의 자질은 XX계에서 정평이 나왔지만 생활인으로서의 자질은 현실과 현격하다는 것을 느낄때 제 갈길은 자명한 것 입니다.

어쨌거나 선배님의 곁을 떠난 후배를 끝까지―어떤 분야에 종사하던―지켜 봐 주셔야겠읍니다. 생각나길래 몇 자 적어 보았읍니다. 선배님의 건승을 열성껏 빌어봅니다.

가신 임 영전에

저로선 오늘의 세대를 사는 사람들에게 물어야 할 말들이 있읍니다.

그대들은 그대들이 조국과 그 조국의 아들 딸들이 경건한 진혼곡을 들으면서 사라져갔을때 무엇을 애도하고 무엇을 경애했는가를?

탄흔이 할퀴고 지나간 처절한 전쟁터에 호국의 영령으로 승화한 넋들―의 그 죽음을 그대들은 저만치서 녹슨 철모가 딩구는 것을 바라보고 어떤 시상(詩想)을 느꼈다는가를 말이외다.

마지막 한 방울의 피를 토하여 미처 못다 브른 조국과 부모, 형제의 이름들과 그리고 다음엔 님을 잃은 어둡고 차가운 삶의 황야, 그 그늘 속에서 방황하는 가냘픈 여인과 소녀, 그리하여 평화로왔던 여인과 소녀의 가정은 폐허가 되고 행복은 죽음 앞에 화석이 될 때 또 이 화석이 인간을 절망으로 몰아 넣을 때 그대들은 어떠한 시를 읊고 어떠한 이야기들을 나누었는가를……

그러나 이 물음 앞에 그대들의 대답은 한결같이 공허할 것입니다. 그것은 묘비 앞에 숙연히 앉아 경건한 마음으로 님과 오빠를 추모하고 기리는 여인과 소녀의 눈망울에 담긴 한줄기 애수가 실증하고도 남음이 있는 것입니다.

다음에 올 세대를 향한 물음에 대한 이 공허로운 대답들—바로 그것은 묘비 앞에 눈물짓는 그 여인과 소녀를 외면할 때 그대들은 여인과 소녀의 행복을 화석으로 굳히게한 책임을 면하지 못한다는 교훈을 예시한 대답이기도 한 것이거늘 결국 그대들은 연중(年中) 단 한번만이라도 가신 님의 영전에, 참으로 숙연하고 그리는 마음으로 향불을 밝혀 한 점 부끄럼 없는 국민으로서, 가족으로서, 후배로서 자자손손이 그 얼을 되새기고 교훈을 받들어서 그 추모의 정을 날로 새롭게 해야 할 것입니다.

그렇게 함으로써 고이 잠드신 영령들에 근심어린 영원한 삶에의 길을 불 밝히고, 우수에 젖은 가신 님의 후예(後裔)들에겐 내일의 주인공 됨을 자랑으로 여기도록 그대들은 뒤안길에 온정의 꽃을 심어야 될 것입니다.

가신 님의 영전에 이 진혼곡을 드리며 삼가 명복을 비옵니다.

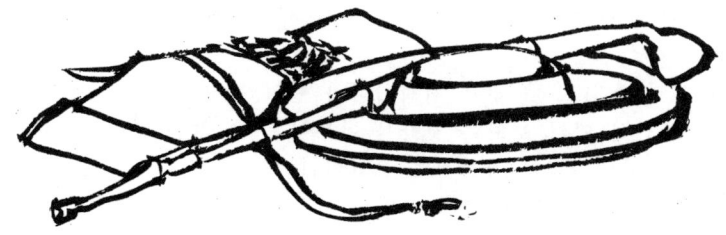

사랑 했으므로
(I)

사랑한 정운!

휘황한 달빛 아래 뜰에 내려 바라보니 하늘의 동남쪽 절반으로
엷은 하얀 구름이 지치어 있고, 이제 명월(明月)이 그 푸름 뒤에서
비어져 나오려 하는 무렵입니다. 서북쪽 하늘 절반은 창망한 푸른
허공입니다. 그 가운데 달이 놓여지면 일호의 흐림도 없는 명월이
겠읍니다.

달빛 아래에서 가만히 마음 걸리는 것은 어제밤부터의 뉘우침입
니다. 내가 나를 가누지 못하는 뉘우침입니다. 이렇게도 애태워하
는 자신에 대한, 자신의 미련하고 어리석음에 대한 뉘우침입니다.
못 견디게 보고파하는—이 알뜰한 애정을 어찌 참지 못하고 고이 간
직했다 마지막 그날 고스란히 자결하지 못하느냐 하는 뉘우침입니
다. 또렷이 나 자신 비망록에 「죽음도 생의 한 양식(樣式)! 사멸
(死滅) 또한 출생과 한 가지 은총이다」라고 적었음에도 불구하고
어찌 고이 죽는 날까지 견디지 못하느냐는 뉘우침입니다. 그러나 결
단코 이 신애(信愛)에 대한 뉘우침은 아닙니다. 당신도 말씀했읍니
다. 아니 산다면 잊혀질 것이라고—.

진정 아니 만남으로 잊혀질 수 있다면, 또한 그것도 인간의 일이
니 무얼 애석하리까? 그러나 오늘 이 마당에선 어찌할 도리 없는
일입니다.

나의 운(芸)! 단 하루 저녁이나마 당신의 시선과 음성이 닿는 가
운데 흡족히 있어 보자는 것마저 이루어질 수 없는 꿈이겠읍니까?
애달픕니다. 가슴이 빠개지는 듯합니다. 이 쓰라림이 무슨 죄업(罪
業)이겠읍니까? 이 슬픔과 분함을 죽음으로 씻어도 시원치 않을 것
입니다.

나의 슬픈 운! 당신의 무한한 슬픔도, 어쩌면 마(馬)보다도 더 더 슬픈 당신!

그날 바닷들 가 햇빛 가운데에서 마지막 만찬(晚餐)이라고 했을 때, 왜 운을 슬프게 하려느냐 하시던 당신의 말씀— 그것이 한갓 스쳐 가는 말이 아님을 마(馬)는 절실히 압니다. 당신의 고운 눈에 그 때 맺히던 눈물을 나는 잊을 수가 없읍니다. 당신은 馬가 너무나 많이 차지하고 있으므로 해서 馬를 미워하려 애쓰시는 당신! 나의 귀한 이여! 진정 내게는 모실 자리조차 없는 나의 귀한,·귀한 당 신!

오늘은 왜 이런지 책만 들여다 보면 졸리고, 누우면 나른해서 몇 차례를 잤는지 모릅니다. 병은 아닐 텐데—아, 차라리 당신 못 보는 세월을 병이라도 들어 이도저도 모르는 게 얼마나 편안하리까.

가장 견디기 힘드는 시간이 또 왔읍니다. 먼데 산 들은 마지막 낙조(落照)에 비치어 가무레 저물어 가고 낡에 참새 들은 근심스레 돌아와 우짖어 대는—지난 일의 하나하나이 또렷이 살아 나는 저녁이 다시 찾아 옵니다.

눈을 감으면 진정 계집애처럼 서러워지고 눈물이 나려 합니다 어디로 가랴, 어디로 그만 가 버리랴? 어쩌면 종시 이대로 못 배겨 있을 것 같읍니다.

정운! 애닯기만 한 운! 당신 있는 쪽 골짜기나 바라다 보고 있으리까?

그리운이여, 어제도 그제도 또 그끄제도 당신을 볼 수 있었건만 이렇게도 채울 수 없는 아쉽고 그리움을 어찌하리까. 오늘은 가을을 조심하는 눈부신 구름들이 하늘 사방에 둥실둥실 떠 있고 나무 잎새 들이 미풍에 하늘거리고 있는 것을 바라보며, 나는 아라비아 사람처럼 멍하니 앉아만 있으면서 당신 생각에 하루를 보낼 것입니다.

이제 멀지 않아 가을! 가을이 오면. 더욱 어찌하리까? 그때에는 나는 먼 들끝의 길을 거닐리다. 거기서 나는 아름다운 운의 생각을 가지 가지 주우리다.

지신을 한없이 꾸짖으면서도 이렇게 펜이라도 들지 않으면 이 가슴의 피로움을 조금이라도 덜어 볼 길이 현재의 馬로서는 찾을 수가 없읍니다.

운! 그러나 나는 끝까지 견뎌 보리다. 이 견딘다는 게 내안에 전부를 차지하고 있는 운을 거부한다는 것이 아닙니다. 나의 전부를 당신에게 바침으로 오는 고통을 끝까지 견디겠다는 것입니다. 그러나 이것이 고통이 아니라 회구—나의 영혼의 회구에서 오는 애달픈인 것입니다.

운! 해가 집니다. 이렇게 낙일하듯 내가 절망에 죽는 날에도, 그날에 마저 당신이 끝내 안 보여도 나는 좋다고 생각합니다.

북두칠성이 당신 방 마루 끝에서 보이는 그 위치에 있읍니다. 달이 솟으려 합니다. 건너 집 기와 끝이 훤해 옵니다. 엊저녁 당신이 나와 앉아 보던 그자리입니다. 그런데도 한없이 오래도록 운을 못 본 것 같습니다.

문득 어제밤에 꾼 당신 꿈이 생각납니다. 그러나 꿈에라도 보는 게 얼마나 즐거운지 모릅니다. 오늘밤도 그것을 기대하고 자리에 듭니다.

8월 15일
당신의 馬

◇ 주 : 馬(마)는 청마 유치환
詩人의 인호에서 딴 字임.

(Ⅱ)

정운!

비가 내립니다. 나의 정신처럼 불결한 날씨입니다. 이러한 누더기 같은 마음으로 어찌 오늘 당신을 대하리까.

천년이나 살아 온 것처럼 모두가 시들하고 퇴색하여 보이기만 합니다. 온전히 감흥을 잃어버린 치둔 상태(痴鈍狀態)—페기되어야 할 것입니다.

정운!

나는 항상 이런 것을 느껴 왔읍니다. 어디 멀고 먼 데에서 애달픈 가락이 양량(喨喨)히 내 귀에 들려 오는 것을ㅡ. 그것이 언제나 나의 사념을 이끌어 가고 꿈을 꾸게 하던 것이었읍니다. 그러나 그 절절한 소리가 뚝 끊어지고 아무리 들으려도 먹장 같습니다. 그리고는 누추한 비만 억지로 내립니다.

어쩌면 당신에게 몸을 내던지고 목놓고 울고 싶은 심사인지도 모릅니다.

나의 운, 당신이야말로 내게는 나를 구원하는 종교입니다.

오늘이야 나는 나의 죄스러운 육신과 정신을 당신 앞에 내던지고 목놓아 통곡하고 싶은 그러한 날입니다.

나의 지애의 운!

요즘 당신의 나를 보는 눈매에 정말 글자 그대로 애정의 정이 담뿍 서리어 있음을 나는 아프게 느낍니다.

나의 사랑하는 사람이여, 나는 죽어도 좋을 것 같습니다.

한 사람의 지극한 애정에 떠받들린다는 일이 쉬운 일 같으면서도 인간에는 얼마나 희귀하고 어려운 일이더니이까?

샘물은 파는 대로 거의 생길 수 있을지 몰라도 인간의 애정이란 구한다고 어디 되더니이까?

운! 오늘은 하늘에 구름이 엷게 끼고 어디선지 인간에게 행복된 기적이 이루어질 것만 같은 날씨입니다.

아아, 내게 당신을 있게 한 사실이 아버지의 거룩한 기적인지도 모릅니다.

시방 어디에 고운 기적처럼 조촐히 앉아 있을 나의 당신, 운.

×   ×   ×

사랑한 정운!

애달픈 인연이 아니면 내 인생에 있어 죽음이 애석하고 슬픈 것이 하나 없는 것입니다. 아름답고 고운 당신을 나의 알뜰한 아내로서 삶을 이룩해 보지 못하고 허탕 칠 목숨이, 이 지극한 상애(相愛)가 보람 없이 시들어 죽고 말것이 원통할 뿐인 것입니다.

그것을 생각하면 내가 오늘 당신을 위하여, 당신의 애정을 위하여 무엇을 다스려도 오히려 모자람을 느낄 뿐 아까울 리 하나 없는 것입니다.

그리운 나의 운! 보고 싶군요. 만 번을 찾아 가서 서운한 마음으로 돌아와야 하더라도 역시 또 만번이라도 찾아 가 보고픈 이것이 어쩌면 얼마나 집요한 갈망입니까?

그리운·운! 그럼 안녕.

〈註〉: 이 두편의 편지는 청마가 작고 한 후 이 속에 나오는 장본인인 정운여사 (시인 이영도)가 엄선하여 펴낸 『사랑했으므로 행복하였네라』 중에서 발췌한 지순 지고한 연서의 일부인 것이다.

이룰 수 없는 애정을 호소한 청마의 진실된 내면의 절규라고 볼 수 있는 이 글은 장장 20년간 계속되었다고 한다. 갈구와 허무로 점철된 어쩌면 그런 의지로 하여금 청마의 글은 안으로 안으로만 뜨겁게 불타버린 승화된 참 사랑의 의미를 새겨준 글이다.

추억이 머문 뜨락에서

─가을에 쓰는 편지─

안녕인가 친구여

서늘한 바람이 코스모스를 피게 하였나 보다.

그러나 코스모스의 잎이 하나, 둘, 질 때면 만날 수 있는 날이 올 수 있으리라 본다.

도서관에 출입하는 방학 동안에 그리운 너를 생각하여 본다. 웅크린 마음이 이상 더는 궁색하지 않기 위함에서.

자신을 지켜 주었으면 하는 바램뿐이지.

오늘과 내일과의 반을 넘는 순간이다. 이제는 매일 규칙적인 생활에 흥미를 느끼지 못하고 바쁘게 아니면 즐겁게 시간을 흘려 보내고 있다.

「데이트」는 자주 있는 하룻날인지. 마냥 젊음을 자랑하고 또 표현하고 싶지만 우리는 너무 나이에 비해 보이지 않는 사선을 의식하며 사는 것 같구나.

나야말로 행운아인—예외 인물이지만.

지금 내가 잠들 매트래스 위에는 한없는 기쁨만이 가득찬 것 같다.

비록 퀘퀘한 땀냄새에 젊음을 망각한 저네들의 비운이 서리긴 했지만, 위병들의 오밤중 수하 소리에 조국의 찬가를 더듬으며 사나이의 기개를 곱게 깔고 청할 수 있기에.

밤의 역사 속에서 다시 보고싶을 순간까지 안녕을 빈다.

낙엽지는 길목에서

가을도 이제는 무르익을 대로 무르익어 만추의 애수를 돋보이게 해 주는 것 같습니다.

그리운 당신,

만추의 소슬한 바람에 어디론가 날려 가는 낙엽을 볼 때마다 인생이란 것을 말하지 않을 수가 없읍니다.

끝내는 진정 나만의, 홀로라는 세계에서 두 눈을 내려감고 골똘히 명상에 잠기고싶은 착잡한 심정이 나의 전부를 차지하는 듯 싶습니다.

사랑하는 당신,

불현듯이 머리에 떠오르고 있읍니다.

가을은 생활의 계절이라고 심미주의 작가인 이효석의 말을 말입니다.

화단의 뒷자리를 깊게 파고 다 타버린 낙엽의 재를—죽어버린 꿈의 세계를 땅 속 깊이 파묻고 엄연한 생활의 자세로 돌아가지 않으면 안 된다는 것입니다.

마치 이야기 속의 소년같이 용감해지지 않으면 안 된다는 것입니다.

그는 또 말했읍니다.

낙엽 타는 냄새에서 생활의 의욕을 느끼며 음영과 윤택과 색체가 빈곤해지고 초록이 완전히 자취를 감추어 꿈을 잃은 헌칠한 뜰 복판에 서서 꿈의 껍질이 낙엽을 태움에서 곧 생활의 상념에 몰입할 수 있는 것이라 했읍니다.

보고픈 당신!

그 한 잎 낙엽에도 인생의 의미가 있고, 생명의 불꽃이 있고, 향내 짙은 내음이 있다는 그것은 어쩌면 무한한 인생의 가능성을 암시해 주는 듯싶습니다. 때로는 백발이 신성한 노구(老軀)의 종말을 보는 것 같기에 저으기 슬퍼지기도 하지만—.

당신, 당신과 함께 밤이 이슥하도록 거닐던 창경원 돌담길을 몇 번이고 걸어 보았읍니다. 아니 걷지 않고는 못 배길 지난 밤이었기에 빌딩숲에 가리워진 가장 빛나는 당신의 것일듯 싶은 별을 쳐다보며 그리움을 불태웠읍니다. 북받치는 설움을 잠재우며 소리쳤읍니다. 당신은 어느 곳에 있냐고 말입니다.

사랑하는 당신.

당신은 저를 멀리 하려고 더러는 그러했읍니다.

배움이 부족한 여자라고 이따금씩 몰려 올듯만 하는 폭풍우를 연상케 해 주었읍니다.

가난에 쪼들리어 학업을 계속하지 못한 게 죄라면 어이 또 다른 표현을 빌리겠읍니까. 가난이 설워서 몸부림한 저에게 그 가난으로 뜨한 사랑마저 저주해야 한단 말입니까.

그리운 당신,

차라리 당신이 저를 버리셨다면 천길 만길 찢어지는 아픔일지라도 깨끗이 돌아섰을 것입니다. 당신은 방황하지 않을 수 없었으며 그로 인해서 몇 달이고 집을 떠난 것입니다.

당신은 삼대 독자라는 무거운 짐을 지고 있읍니다. 하길래 부모님의 극성도 대단한 것입니다. 그런 틈바구니에서 인생의 회의를 느끼며 정처없는 발길을 옮기고 있는 것이 아닙니까.

부모도, 당신이 사랑해 주시던 순이도, 모두 멀리할 심산 이십니까.

사랑하는 사람을 뒤쫓지 못하는 저를 널리 보살펴 주십시오. 당신이 딴 여자를 사귀어 사랑할 수만 있다면 나의 길이 어떤 길이 돼건 단념할 수 있읍니다. 당신의 앞날을 축복해 드릴수 있읍니다.

당신 !

그리워도 했으며 뜨거운 사랑도 했읍니다. 약하기 짝없는 당신의 마음을 못마땅하게 생각도 했읍니다. 하루속히 돌아오셔서 모든 결정을 내려 주셔야겠읍니다.

이 해를 넘기지 마시고 귀가하시길 두손 모아 빕니다.

너와 나의 연가 (戀歌)

그리운 웅(雄) !

다소곳하게 웅크리고 있는 내 책상머리에서 마구 뒤엉킨 한 아름의 그리움을 풀어 놓을까 합니다.

어둠이 창가에 길게 드리운 이 시각에 웅 ! 홀로 생각하며 홀로 뇌깔여보는 참으로 좌표를 잃은 깃대처럼 몸은 책상머리에서 마음은 허공에서 맴돌고 있읍니다.

나의 웅 !

당신과 헤어진 지 몇 천겹의 시간이 흘렀고 그로해서 내 마음 속엔 흐릿한 무모의 연가만 들려오는 듯 합니다. 가까이서 당신을 부르지 못하고 매양 희뿌연 장막이 쳐진 뒷 그늘에서 가슴만 조이던 섬약하고 소극적이던 한 마리의 작은새를 웅! 진정코 잡으려고 합니까. 거짓없는 마음으로 말입니다.

사랑하는 이들은 항상 함께 있고 싶은 마음이랍니다.

당신에겐 연약하기 그지없는 저이지만 당신으로 연유하여 사랑이란 걸 배웠으며 사랑으로 해서 갖은 번뇌와 시련도 배웠읍니다. 이 많은 고통스런 시련 중에서도 당신과 나 사이에 거리감이 생겼다는 것이 나에게는 가장 큰 아픔이 아닐 수 없읍니다.

사랑하는 웅!

제 목청껏 당신을 부르는 뜨거운 이 음성은 지난날의 공허한 자의식을 절실히 느끼기 위해서 입니다.

몇 십년을 버티고 선 저 앞뜰의 오동나무가 자기의 잎인 마지막 두 잎새를 날리며 아픔을 달래기에 무진쫓 애를 쓰는 것 같습니다.

그 아무도 돌봐주지 않는 허허한 벌판어 의 길로 찢겨진 잎새는 마치 당신이나 찾아 가듯 그저 가고만 있을 것입니다.

나의 웅!

밤은 소리없이 깊어가고 있읍니다.

아까부터 스며드는 당신의 그림자는 잡힐듯 하면서도 잡히지 않는 가슴만 조이게 하는 그림자일 뿐입니다.

웅!

부르고 불러도 그리움만 한없이 메아리져가는 이름을 부르지 않을 수 없는 밤입니다.

긴 그림자 스쳐간 어느 날의 설레임을 되살아나게 안간힘 하는 보라빛 엷은 미소를 맘껏 띄워 봅니다. 당신의 뜨거운 입술을 연분홍빛 마음으로 기다리고 있읍니다.

사랑하는 웅!

노류장화의 멋들어진 한 곡조나 저속한 대중가요 속에서도 약방에 감초이듯 하는 이 흔해빠진 『사랑』의 말을 제 자신은 신비롭고 가슴 벅찬 것으로만 배워왔읍니다. 또 그렇게 하는 것만이 당신을 모실 수 있었기에, 존경할 수 있었기에 값진 나의 선물을 전하는 것입니다. 영원토록 이 사랑의 뜨거움을 식지 않게 갈무리 해서 오붓한 나의 내일(來日)에만 확산(擴散) 시켜야겠읍니다.

웅!

사랑이란 어쩌면 속박하고 속박을 받는 것인지도 모릅니다.

당신의 손길이 없는 이 세상도 저 세상도 전 상상조차 할 수 없읍니다.

웅이라는 이름 앞에 내라는 것은 두 무릎을 꿇고 오직 당신의 손에 안내된 것 같은 착각의 굴레를 씌운 것만 같습니다. 씌워진 굴레일지라도 씌워진 굴레 속에서 이 한 마리의 작은 새는 날아갈 줄을 모르고 있읍니다. 이러한 사념(思念)으로 숱한 눈물을 몰래 훔치며 당신의 가슴안에 얼굴을 묻습니다. 당신의 가슴에 파묻힌 내얼굴엔 사랑의 정수가 방울방울 떨어집니다.

잡아주십시오.

당신이 귀여워 해 주시던 작은 새를—부디, 그리고 부디.

나를 사랑해 줄 웅!

몹시도 찬기운이 감도는 시간입니다.

당신의 속삭임과 따스한 체온도 어둠은 사정없이 뭉개 버릴 것 같습니다.

낯설은 땅—봇짐 매고 이저리 방황하는 나그네의 마음같이 내 마음은 당신에게 향하고 있읍니다. 당신에겐 항상 미흡한 나의 노래를 띄우며 안녕을 드리옵니다.

이 밤이 다하기 전에 웅.

당신의 건강과 엮어진 사연을 읊조리겠읍읍니다. 보고픈 웅! 이 밤을 빕니다.

그 다정했던 시절

당신이 보내주신 편지에 반가움에 겨운 눈물을 흐렸읍니다.

그 편지를 읽고 있노라니 가슴에 맺혔던 원한이 눈 녹듯이 마구 풀어지고 말았읍니다.

지금도 첩첩 산골에서 외로이 지내는 당신의 수척한 모습에 가슴이 미어질 것만 같습니다.

제 가슴에 응어리진 원한이래야 별것은 아닙디다만 어쨌든 그 당시는 돌이킬 수 없었읍니다. 제 스스로도 이해를 하려고 무진장의 노력은 하였지만 막무가내었읍니다. 알고 보니 그 여자는 당신이 가정교사로 들어갔을 때 그 주인집의 따님인 것을 그만 오해를 한 것입니다.

그러나 여자의 마음이란 어디 그런가요. 성숙한 여인이 아무리 여행이라치더라도 독신 남자를, 그것도 인적이 드문 산골에서 밤을 함께 지샌다니 말입니다.

저 역시 당신을 너무나 믿었기에 너무나도 큰 충격을 받았던 것입니다. 시간이 흐르고 해가 바뀜에 애모의 정은 아스라히 사라져만 갔읍니다. 당신은 바보였어요. 물론 그 당시의 해명으로 해서 제가 오해를 풀 수는 없었지만 당신은 그렇다 하더라도 한 장의 편지는 전해 주었어야 했던 것입니다. 솔직한 말씀으로 그 여자와 어떤 관계를 맺었다 한들 그것은 돌발적인 흔히 있을 수 있는 젊음의 관계였을 따름이지 깊은 내면의 세계라던가 장래를 숙의할만한 사랑의 디딤은 결코 되지 않을 것이 뻔한 사실입니다.

평소에 당신의 몸가짐이나 저에 대한 애정이 날이 갈수록 더했기에 그런 순간적 비정은 곱게 봐서 덮어둘 수도 있었을 것입니다. 그런데 당신은 한 마디의 심경도 전하지 않았으며 또 노력도 하지 않았던 것입니다.

이런 관계로 저는 밤새도록 당신을 원망하면서 썼다간 지워버린 편지만해도 무려 수십장이나 됐읍니다.

오늘 만 일년만에 당신의 정성어린 글월을 접하고 보니 실로 억제할 수 없는 연민을 금할 수 없읍니다. 언제 보더라도 말이 없으시고 자기 일에만 전력하는 당신을 섣불리 단념했는지 지금으로선 야릇한 감정이 가슴을 훼뜯고 있읍니다.

꼭 한 달 전에 저는 약혼을 했읍니다. 작년에 ××학교를 졸업한 당신보다 두 살 아래인 해방동이 입니다. 지금 ○○회사에 근무하고 있는 온순한 사람입니다. 당신을 생각하는 순간마다 약혼자의 눈길은 거세게 응시하고 있는 것 같습니다. 당신과의 사랑이 주마등처럼 스쳐가는데 내 한몸은 예속되고 말았읍니다.

사랑하는 마음은 예나 다름없이 당신께로 향하고 있읍니다.

사면의 벽안에 갇혀버린 암사슴같이 제 마음 마냥 울고 싶습니다. 메아리마저 없는 사면의 벽에 흐트러진 영과 육을 맡겨봅니다.

그러나 당신!

사랑할 수 있는 당신이여,

이러지도 저러지도 못하는 가련한 여인에게 지혜와 총명을 주십시오.

당신의 숨소리를 들으며 이 밤을 지새웁니다—. 안녕히 계세요.

건강을 빌며.

가을의 소야곡

무언가 기다려지는 계절입니다.
그립고 안타까운 그런 계절이기도 합니다.
섬돌 밑에서 울어대는 가을의 전령자들은 뙤약볕 그 날이 언제였던가 싶듯 가을의 반가움을 실어줍니다.
뭇 인간들은 미완성의 작품을 초조롭게 매단지 듯하는 애타는 가슴을 한껏 조이게만 해주는 더없이 좋은 계절을 빈정대기도 합니다.
작가에게는 구상이 잘 떠올라 멋질 테고 식도락족에게는 품성한 음식이 흥을 돋굴 터이니 더 없이 좋을 것입니다.
누구에게나 그렇듯이 좀 덜익은 능금처럼 가을은 인간의 마음을 은근히 끌고 움직이게 하는 마력이 있읍니다.
당신도 그렇지만 나 역시 일년중 이 가을을 좋아하는 것이 그 마력 때문일 것입니다.
단풍이 깔려진 잔디밭에 누워서, 더러는 능선에 쪼그리고 앉아서 맑은 하늘을, 드높은 하늘을 바라보고 있노라면 무한한 가능의 설계도를 그리며 그 희망에 살고픔이 가을만이 주는 특미 (特味) 와 아울러 감정의 서사시를 읊게 해 주는 것입니다.
저 높다란 하늘에 떠가는 한가닥 흰구름이 마음을 산란하게 해 주고 포근히 적셔주는 가랑비의 낙수물을 창틈에서 헤일 때면 해탈은 된듯 속세를 떠난 심원한 법탈경 속에 빠져 자아의 세계에 도취되는 것입니다.
초저녁부터 새벽녘까지 구슬피 울어대는 귀뚜라미는 화석같이 굳어버린 그토록 많은 인간들에게 오롯한 감정과 계절의 서정을 일으켜 줄 것입니다.
그러나 마음이 또한 슬퍼짐도 어쩔 수는 없읍니다.
아주 옛날에 숨져간 다성한 벗의 아련한 추억보다 당신이나 나의 마음은 더욱 짜릿하게 흔들고 말 가을의 소야곡이 있기 때문입니다.

당신은 촛불을 꺼야 할 시간입니다.

밤새껏 기다려 보는 마음으로 휘영찬 달빛에 먹구름 한 점 없는 당신의 양심을 비춰 봐야겠읍니다.

별나게 울고 싶으면서도, 별나게 이야기를 하고 싶으면서도 울지도 말하지도 못하는 심오한 경지에 빠지게 마련이며 심약한 인간 심리는 마침내 「기다려 봄 밖에」의 탄식이 나올 것입니다.

베일을 뒤집어 쓴 당신의 환상에 가을은 진정 감각의 진미를 세세히 녹여 줄 것입니다. 당신이 당신을 알아 볼 때까지 처량한 율조의 가을 소곡(小曲)은 메아리 질 것입니다.

당신의 소망이라면 이 소곡을 거리낌없이 드리겠읍니다. 건강한 낮빛으로 안녕을……

마음에 지워지지 않는 인간에게

만난지가 벌써 한 달이 넘었나보오. 평소 편지를 쓰는 일을 죽기보다 싫어하는 내가 문기자에겐 한마디 글월을 띄우지 않고서는 안될 필연적인 사실—.

글을 쓰는 직업으로 일관해 온 사람답지 않다고 힐책   할런지도 모르지만—.

모처럼 바쁜 서울 나들이에 비루한 우리 집을 찾아준 문기자의 정성은 아마, 영원히 잊혀지지 않을 것이오.

하루 종일 원고지와 씨름하다가 자정이 되어 집에 들어오면 만사가 피로에 지쳐 있을 뿐, 형제와 다름없는 문기자를 생각해도 좀처럼 붓을 잡지 못했던 선배의 부덕을 용서해주오.

문기자의 건강과 사업은 순조로운지? 이곳의 모든 것은 그저 평탄할뿐이오. 모두 문기자의 평소의 염려해주는 덕분이 아닐런지.

○○처의 미치광이도 그 운명의 무덤을 맞이하게 된 것, 신문지상에서 보았을 줄 믿으오.

그건 그렇고 어떻게하던 문기자를 장가 좀 보내줘야겠는데……시간 있으면 한 번 들려주던지, 아니면 현정의 어멈이 한번 그곳으로 방문하게 될런지도 모르겠소. 남자의 출세와 입신양명은 결혼에 달린 것. 언젠가 말하던 ○○선생의 사위가 될 것을 추천했더니 몹씨 관심이 있는 것 같소. 그 보다도 여러가지 궁금하니 편지라도 한 장 보내주오.

마음 속 종로에 젖어버린 눈나리는 거리와 50원짜리 냉면집에 얽힌 추억이 꼭은 병달과 나의 전형적인 인연의 어음이 되어   영원히 가셔지지 않는 메모의 일편이 돼서 남게 될 줄은 신이 아니면 그 누가 알았겠소.

의리와 우정과 신의는 금 보다 은 보다 귀하다는 것을   문기자는 잘 알고 있지 않소?

그럼 내내 평안히, 소식 기다리겠소.

○○○ 쏨

그래도 구원하는 마음

—겨울에 쓰는 편지—

⊙ 눈 오는 밤에
⊙ 고독한 날에
⊙ 겨우내 생각나는 러브 스토리
⊙ 믿음이 오가는 애정
⊙ 배반당한 애인에게
⊙ 어느 이름모를 죽음을 위하여

눈 오는 밤에

시방.

온누리들이 하얗게 채색되고 정다운 이야기어 귀기울인 숙 (淑) 의 집 질 화로엔 밤알이 토실토실 익어 갈 것입니다.

콩기름 불.

실고추 기름이 가늘게 피어나던 밤에 파묻어 놓은 불씨를 헤쳐 잎 담배를 피우며 고녀석 눈동자가 초롱 같다고 불쑥 뱉을 것입니다.

곱슬머리 내 부드러운 머리를 쓰다듬어 주던 할매는 지금 어디 가셨는지—그래도 바깥에는 연신 눈이 내리는 모양입니다.

오늘 밤처럼 눈이 내릴 때면

다만 이제는 나홀로 눈만 밟으며 가고 말 것입니다.

오오바자락에

구수한 할매의 옛얘기를 담고서

어린 시절의 그 눈도 밟으며 가렵니다.

158

고독한 날에

오바깃을 세웠읍니다.
차거운 바람이 온 몸으로 스미는 것 같았기에 그랬을 뿐입니다.
석씨.
외로운 것이 마음에 들어 마냥 걷고 있읍니다.
아물하게 보여지는 저 곳은 바르게 곧은 지평선이 하늘과 맞닿은
곳을 고기잡이 배들이 바쁘게 노닐고 있읍니다.
겨울의 적막은 이 바다에도 왔나 봅니다.
해서
전 이 단조로운 바다의 고요를 깨뜨릴 수 없어서 또 다시 걷기로
맘먹었읍니다. 몇 분이 지난 듯 싶습니다. 발 밑에 반짝이는 작은
조개껍질을 집었읍니다. 귀중한 물건처럼, 마치 석씨가 준 선물인
양 소중하게 갈무리했읍니다.
또 다른 시간이 지난 듯 싶습니다.
제가 걸어 온 모래사장엔 발자국이 줄을 이었읍니다. 언뜻 홀로
라는 것을 느꼈읍니다. 한없이 외로웠읍니다.
외롬이 맘에 들어 나왔지만 웬지 그 순간은 슬프기만 했읍니다.
내가 만들어논 그 발자국이 있는 모래알을 헤아리며 엎드려 보았읍
니다. 울고싶은 마음은 심연 깊숙이 저미어 왔읍니다.
또 얼마가 지난 듯 싶습니다.
애타는 듯하는, 몸부림치 듯하는 굽이치는 파도를 멍하니 바라볼
라치니 그나마 제 마음을 잡아 가두어 버렸읍니다. 아마 부끄럼이
준 마음이었기에 그런 모양입니다.
저만치 하늘이 있고 갈매기 노니는 바다가 있는데 외로움 같은 것
은 당치도 않은 것이었읍니다.
자신을 발견한 몇 분 후엔 추억이 담긴 모래알을 한 웅큼 집었읍
니다. 갖은 비밀을 간직하고 있는 쥐어진 모래알에 나의 얘기를 심
으려고 했읍니다.

하지만, 그것은 어리석은 것이었읍니다.

다시 시간은 지난 듯 싶습니다.

뛰면서 생각노라고 뛰는 줄을 몰랐읍니다. 환상은 자취를 감추고 말았읍니다. 가쁜 숨을 몰아쉬다 보노라니 저의 모습은 말끔했읍니다. 흐트러진 머리올만이 오늘의 외로움을 말해 줄 뿐입니다.

석씨!

정녕 외로움이란 애처로운 것일까요? 그러나 저 바다는 외롭지 않습니다.

고기잡이 배가 있는, 갈매기가 날으는, 추억이 잠재워진 모래알이 있기에 외롭지 않을 것입니다.

석씨가 바라보는 이 바닷가에 고독은 있을 수 없읍니다. 내 작은 발자국이 나를 지켜 주는 날까지 말입니다.

안녕을 드립니다. 다른 시간이 올 때까지.

서귀포에서

영옥

겨우내 생각나는 러브 스토리

나목 (裸木) 의 계절입니다.

제마다 동결 (凍結) 의 숲에 버티어 모진 삭풍을 얼래기에 분망할
것입니다.

끈덕진 하룻날의 저력을 과시하는 강태공의 구수한 얘길 들어야
하는 엄동설한이 왔읍니다.

고요로운 한나절을 보내면서 참아도 보았던 수없는 감정들의 이름
도 지어주지 못한 채 그 설일 (雪日) 의 정경 속에만 머뭇하던 시선은
신비로운 흰빛의 대열을 이탈한채 그래도 자아 (自我) 를 의식하였는
가 봅니다.

그러함에 갖은 교감 (交感) 을 불러 일으키며 명멸되어간 사랑의 구
름다리도 슬며시 건너봐야 될 것 같습니다.

당신은 이제 나의 얘기에 귀를 기울어야 되겠읍니다.

한동안 매스콤의 각광을 받은 바 있는「세기 (世紀) 의 러브 스토
리」주인공인 윈저공의 파란 (波瀾) 많은 七七년을 더듬어 볼필요성
이 있을 것입니다.

내 사랑은 왕관과 바꿀만 했다는 일화를 남기고 이제 다시는 돌아
올 수 없는 머나 먼 저승의 객이 되었지만 사랑의 참 뜻만은 뭇 인
간들에게 심어 주지 않았나 생각됩니다.

三六년 전 사랑을 위해 왕관을 버린 세기적 화제를 낳은 윈저공
의 로맨스는 역사 속에 묻혀버린 옛이야기가 되었지만 영국이라는
전통적인 국가의 헌정위기까지 몰고 왔던 한 세대에 걸친 그 사랑의
이야기는 七七세를 일기로 끝맺음을 한 것입니다.

사랑의 무르녹는 소리를 긴 겨우내는 들을 수 없읍니다. 봄날이
오고 새들이 우짖을 때 당신은 그 윈저공의 애틋한 사랑의 노래를
듣게 될 것입니다.

그러나 긴긴 밤에 베개만을 부둥켜 안고 뜬 눈으로 밤을 지샌다면

모름지기 이 러브 스토리를 당신께 들려 줘야 될 것 같습니다.

사랑의 승리자 윈저공은 사랑하는 여인과의 결혼을 위해 왕위 (王位)를 버리기 전 10개월 동안 에드워드八세로 영국에 군림했었읍니다. 이혼 2회의 경력을 가진 미국 태생의 평민인 월리스 위필드 심프슨 부인과의 결혼을 극구 반대한 교회 및 국가의 기존질서 (既存秩序)에 반기를 들었읍니다.

드디어 윈저공은 一九三六년 말 퇴위 (退位)한 이래 영국을 떠나 두 살 아래인 이 여인인 미국 여자와 망명生活을 시작한 것입니다.

윈저공은 왕위에 오를 때까지 二〇년동안 「여행하는 상인」의 별명을 얻었을 만큼 여행을 즐기는 그였읍니다. 혼기가 돼서 혼사문제가 거론될 때마다 유럽의 우아한 공주들의 이름이 오르내렸지만 한 번도 의사를 밝히지 않았읍니다.

윈저공은 당시 지적이고 재기 (才気)있는 한 미국 평민 여성을 친구로 삼고 있었는데 그 여인이 바로 심프슨 부인이었읍니다. 이들이 만난 一九三〇년 당시 심프슨 부인은 한 젊은 런던 상인의 아내였읍니다.

조지五세가 별세하자 一九三六년 一월 윈저공은 에드워드八세로 선포되었읍니다. 심프슨 여사에 대한 윈저공의 애정은 날로 더하여 미국 신문들이 급기야는 대서특필로 다룸에 영국정부는 난처한 입장에 놓였읍니다.

국내에서는 윈저공을 동정하는 국민이 있긴 했읍니다만 대체로 전통적인 견해로 반대하는 사람들이 더 많았읍니다. 이런 것을 감안, 헌정위기를 수습하기 위하여 그해 十二월 「나는 내가 사랑하는 여인의 도움과 조력없이는 무거운 책임을 감당할 수 없다」는 유명한 퇴위선언을 한 것입니다.

그 날 밤 윈저공은 자발적으로 망명길에 올라 다음해 六월 프랑스에서 심프슨 부인과 결혼함으로써 위대한 사랑의 승리를 만방에 보여준 것입니다.

윈저공은 기회 있을 때마다 나의 결혼이 왕위와 맞바꿀만한 가치가 있었다고 서슴치않고 말해왔던 것입니다.

　당신은 참다운 윈저공의 러브 스토리를 귀담아 들었읍니다. 윈저공이 세상을 떠난 후 세계적인 여론은 그를 동정하는 입장이었으며 사랑의 승리자에게 아낌없는 박수를 보내기도 했읍니다.

　겨울은 마음이 메마르기 쉽습니다.

　아랫목에서 이불을 뒤집어 쓰고 군밤을 까먹는 재미도 없는건 아니지만 자칫하면 마음과 마음의 다리가 두절되기 십상입니다.

　게을러진 몸가짐일랑 유들유들하게 하고 사랑의 열화를 추녀끝에 매어달린 고드럼처럼 얽혀버리게 한다면 세상을 살아가는 맛이 없을 것입니다. 옴츠러진 어깨를 펴고서 긴 긴 사연을 끄적여 봐야겠읍니다. 이 사연이 중도에서 얼어 붙으면 당신은 기후탓—겨울이란 계절 때문이라고 말하겠읍니까.

　사랑에는 용기가 필요합니다.

　용기없이 주저하는 당신은 윈저공의 「러브 스토리」를 또 다시 더 들어야 되겠읍니다.

　당신이 정녕 산하(山河)에 새 움이 틀 때 띄워야 할 연분홍빛 사랑을 외면하지 않으려면 사랑을 해 봐야겠다는 그이에게 겨울의 마음을 손질하여 전해야 되겠읍니다. 그렇지않고선 당신은 독수공방에서 잠 못이룰 것입니다.

　겨울은 정지상태가 아닌 다음에 올 정상을 향하는 채비상태인 그 시원(始源)이 되는 것입니다. 하나 없는 둘은 존재할 수 없읍니다. 당신에게 뜨거운 입김을 줘 봅니다. 멈출 줄 모르는 당신 세대의 길잡이가 돼 줄 것을 바라면서 말입니다.

믿음이 오가는 애정

바람이 붑니다.

앙상한 나뭇가지에 눈발이 나부끼고 있읍니다.

차라리 펑펑 쏟아지는 백설을 바라는 마음입니다. 황량한 벌판 우엔 구슬진 당신의 목소리도 들려오지 않습니다.

사랑하는 마음 없이는 한시라도 못배기는 연약한 몰골입니다. 당신만의 보살핌 속에 당신만의 세계에서 나의 삶을, 아니 우리의 삶을 승화시키고 풍성하게 살찌울 사랑을 애타게 구하고 있읍니다.

당신은 이러한 장자(莊子)의 말을 곧잘 들려 주셨읍니다.

—부덕(婦德)이라는 것은 정조를 맑게하고 절개를 곧게하며 분수(分數)를 지키고 몸을 정돈하여 행동을 온전하게 하는 것이라고—

사랑하는 당신!

당신이 얼마만큼 제게 있어서 소중하다는 것, 그것도 모를 것입니다. 사랑하고 또 사랑하렵니다. 당신과 또 둘만의 대화로써 아름다운 이 세상을 살고 싶습니다. 아무도 엿들을 수 없는 고웁고 맑은 수정(水晶)의 밀어를 속삭이며 바위보다 강한 당신의 의지에 하늘보다 높은 당신의 자비로움에 피보다 진한 당신의 열정에 나의 낮과 밤이 없는 영원에의 길—사랑만이 무르익는 노정(路程)으로 질주하렵니다.

나의 소망이 있다면, 지금의 나로선 시간과 공간을 초월하여 이 황량한 벌판을 단숨에 달려가 사랑하는 당신의 그 넓은 가슴팍에 야위어진 얼굴을 묻고자 하는 작으면서도 큼직한 바로 그것뿐입니다.

그러하나 당신,

내가 존경하는 당신에게 결혼생활을 통틀어 볼 때에 심히 유감의 말씀만 전하지 않을 수가 없읍니다. 엄연한 가정부로서 가정을 지킬 줄 몰랐으며, 한 아내로서의 소임을 성실하게 수행하지 못했으며, 작가로서 사회적인 사명감을 결여한—특히 젊은 세대들에겐 방관적인 태도로 일관하여 반사(反死)되어버린 정신 세계였음이 그런 것입니다.

그것 뿐이라면 그런대로 자위가 될 수도 있읍니다만 가장 값진 사랑의 정도(正道)인 순결이라던가 의지, 용맹, 숭앙 따위가 미흡하다는 제 스스로의 나무람이 있기 때문입니다.

항시 입가엔 칼날 같은 정의를, 눈동자엔 생명체의 신비감을 의식시켜주는 당신의 의젓한 자태에 반하여 너무나 초라하고 약한 자신의 결합이 당신에게 있어선 어떤 가능성을 폐쇄시킨 것일 듯 싶습니다.

사랑하는 사람—당신을 만나게 됨으로써 결코 짧다고는 할 수 없는 나이에 견주어 나 자신의 존재, 가치의식을 망각한 것입니다. 한 개의 씨알은 두조각으로 갈라질 수는 있을 망정 두 알은 될 수 없는 것입니다. 좀더 내라는 존재가 당신으로 하여금 유감없는 저력을 발휘할 수 있도록 여신(女神)의 소명(召名)을 했었더라면 당신의 외곬진 성벽을 다소나마 허물어뜨렸을 겝니다.

존경하는 당신!

그 외곬진 성벽이 헐어질 순 없읍니다. 당신의 외곬은 만인이 공감하는 것입니다. 그러길레 생명이 다하는 날까지 변질되어서는 안될 일종의 압력이랄까 그런 의미가 내포한 것입니다.

죽을 때까지 이 걸음으로 옮기는 것입니다. 그래서 그 외곬 탓으로 당신에겐 미흡하기 이를데 없는 나이지만 사랑이 충만한 인생을 보람있게 살 수 있음으로 행운의 아내인 것입니다.

나의 당신!

찬바람이 몰려 오고 눈발이 휘날리는 이 대지(大地)의 밤—골짜기를 뒤덮는 차디찬 고요가 간담을 서늘하게 하고 있읍니다. 홀로 나서는 밤길은 생각도 못할 지경입니다. 고독의 의식화도 발길에 차이는 것 같습니다.

영롱한 별빛 따라 당신이 계시는 천리 길을 조심스레 뇌이고 있읍니다.

언제나 당신의 조용하고 깊숙한 사랑 속에서만 살으렵니다.

당신의 아내 드림

배반당한 애인에게

죽음보다 더 혹독한 외로움이 이따금씩 몰려 옵니다.

어언 일이시기에 보름이 넘도록 소식 주지 않는지 무서운 마음이 번져지고 있읍니다. 분명 무슨 이변(異變)이 생긴 것만 같읍니다.

명호씨.

그날 그 밤은 숙아의 20년을 열어젖힌 날입니다. 제 모든 것을 바치던 환희의 밤을, 역사적인 밤을 지새며 제 손을 꼭 잡고 이 생명 다할 때까지 사랑하겠노라고 굳은 맹세를 하시더니 하마 잊으셨단 말입니까.

그리운 명호씨.

사흘이 멀세라 찾아 오시던 명호씨였는데 이 모두가 사랑의 장난이란 말입니까. 차라리 명호씰 잊을 수만 있다면 하는 것이 지금 숙아의 바램입니다.

명호씨.

남자란 어쩌면 다 그렇다고 봐 두는 것이 좋다던 직장 언니의 말이 문득 떠오릅니다. 하지만 명호씨, 어린 가슴에 못을 박고 훌쩍 그렇게 떠나야만 직성이 풀린다는 말이온지……

나의 불타는 사랑을 시들게 하실 의향이라면 장래를 빌어드리겠읍니다. 저주하지 않을 수 없는 마음으로 말입니다.

숙아가 찢어진 상처를 안고 이대로는 도저히 집엘 있을 수 없읍니다. 우선 침식이라도 제공되는 곳이라면 어떤 곳이건, 최악의 경우 용서 받을 수 없는 곳까지 생각하고 있읍니다.

명호씨!

단념했읍니다. 그·비열한 명호씨를 말입니다. 지금 제 마음은 악착같이 이 세상을 살아 가겠다는 각오만이 있을 뿐입니다. 죽고싶은 마음이 없었던 것도 아니지만 며칠 전부터 그런 옹졸한 마음도 청산할 수 있었읍니다. 마음도 주고 몸도 준 것이거늘 하루아침에 헌

씬짝 버리듯 하다니—.

무서워요! 남자들이 무서워집니다.

세월이 가면 어떨지 모르나 지금은 명호씨 같은 젊은이만 보노라 면 소름이 끼쳐지곤 합니다.

뜨거운 미소를 가르쳐준 명호씨를 지켜 보겠읍니다. 어느 곳에서 살던 꼭 살필 작정입니다. 비열하기 짝없는 옛사람에게 옛말이 되어 버린 나의 노래를 마지막으로 전하렵니다.

「당신으로 하여금 신비의 세계를 거닐며, 당신으로 하여금 고뇌의 달콤함을 맛볼 수 있노라. 당신은 팔방미인인 사나이, 나는 천사,
   사랑의 천사이노라.」

명호씨,

정말 나쁜 사람입니다.

원망 같은 건 하지 않기로 했읍니다.

바르게 살아가길 바랍니다.

김 인 숙

어느 이름 모를 죽음을 위하여

흰눈이 소리없이 내리고 있군요? 당신이 홀로 숨져가던 날, 그날 밤에도 저렇게 탐스러운 함박눈이 소리없이 내리고 있었지요.

그날밤, 당신은 어느 이름모를 고지의 비탈에서 젊은 생명의 마지막 숨을 거두었읍니다. 아무도 모르게, 정말 아무도 모르게 혼자서 숨져 갔읍니다.

당신의 가슴 속에서 용솟음쳐 나오던 핏줄기, 그것이 잠시동안 흰눈 위에 아름다운 무의를 그리고 있었을 때, 당신은 몽롱한 의식 속에서 이런 생각을 했었지요?

「그 그림은 배경이 너무 어두웠어, 차라리 새하얗게 발라 버릴 걸 새하얀 배경에 샛빨간 다아리아, 그게 더 멋있었을 걸. 이렇게 이 핏자욱처럼.」

흰눈 위에 샛빨갛게 번져가는 피를 보며 당신은 잠시동안 이런 생각을 했었지요?

당신이 미술실에 두고 온 한 폭의 그림. 그러나 이젠 그 그림을 찾아줄 아무 임자도 없읍니다. 당신이 아무도 모르게 혼자서 저 찬바람 부는 고지에서 숨을 거둔 날. 그리고 함박 눈이 당신의 온 몸을 하얗게 덮어버리고 조그만 무덤을 이루어 주던 날, 그 그림도 영원히 주인을 잃고 말았던 것입니다.

당신의 죽음을 아는 사람이 누가 있었을까요. 당신의 가슴을 향해 총탄을 퍼붓던 그 무자비한 무리들밖엔.

당신은 얼마나 떳떳하게 조국을 위하여 젊은 생명을 태워버렸는지, 그날의 일을 기억하는 이들이 누가 있을까요? 그날 그 고지를 스치고 지나가던 찬바람밖엔. 그리고 당신 혼자만이 조용히 마지막 숨을 거두고 있을 때, 당신을 위로해 주고, 당신을 위하여 조그만 무덤이라도 마련해 준 이가 누가 있겠읍니까? 하늘에서 소리없이 내리던 함박눈, 그 하얀 은가루밖엔 아무도 없었지요?

그래서 당신의 무덤 앞에 그 흔한 나무막대기 하나 꽂히지 않았읍니다. 그리고 당신의 장렬한 죽음을 위하여 가장 하찮은 훈장 하나라도 준비해준 사람도 없었고, 그래서 이젠 당신의 죽음을 위하여 향불을 피우고 당신의 명복을 빌어 기도해 줄 아무도 없게 되었나 봅니다.

그러나 우리는 모두 알고 있읍니다. 오늘의 이 조그만 평화, 조그만 자유나마 그것이 모두 누구의 기원으로 이루어진 보람인가를.

중략………

당신의 이름 없는 죽음, 그것은 당신만이 선택한 참된 인간의 길이었읍니다. 당신의 그 간절한 기도 소리로 인하여 우리는 오늘 요만한 행복이라도 되찾은 것입니다.

하략………

이렇게 소리없이 함박눈이 내릴 때면, 우리는 당신을 생각합니다. 어느 고지의 비탈에서 흰눈을 맞으며 아무도 모르게 숨져간 당신의 모습을. 그리고 또 당신에게 이렇게 일러주고 싶읍니다. 그 간절한 기도 소리로 인하여 오늘 우리는 요만한 평화나마 되찾고 내일의 행복을 설계하게 되었다고.

〈註〉: 이 글은 김우종교수(전경희대교수·문학평론가)의 수필집 「내일이 오는 길목에서」 발췌한 서간문 형식의 수필이다. 한 열전의 무명용사의 죽음을 추모하며 그 장한 얼을 되새기는 글이다. 한편으로는 이런 무명 용사의 조국을 위한 값비싼 희생에서 비로소 작은 평화이나마 얻어진다는 것을 일깨워주고 있다.

내 사랑 별에 속삭이며

─한밤에 쓰는 편지─

⊙ 잊을 순 없으리
⊙ 욕망이여 잠들어라
⊙ 사랑의 극치
⊙ 한밤에 주는 마음

잊을 순 없으리

바람은 잠들고 칠흑같은 어둠은 와버렸는데,
겹겹이 맺어진 인연이 아물거리기만 하는 순간 순간에서
난
잊으리, 잊으리라고 하였노라.
갈색의 머리올 그 떨리는 손으로 더듬을 적에
그 한밤의 거칠은 숨결과
그 한밤의 고동치는 가슴을
진정 잊으리 잊으리라고 했건만
오늘도 나는
잊지 못하리—그대를 잊을순 없으리
죽어져도 좋을 격렬한 포옹과
죽어져도 좋을 격렬한 키스를—.
잊을 순 없으리. 난, 난, 난.

차라리 그대로 돌이 되었을지라도
이토록 한탄하며 울지는 않았으리
이토록 한탄하며 글은 쓰지 않았으리.

감추어진 이 불길
어이 호올로 타버릴 것이려나.

가슴속에 머문 그 가쁜 숨결을
가슴속에 머문 그 사랑의 마음을
이렇게 눈물로만 지울 수 있는가를
그대여!
뜨거운 사랑이여, 뜨거운 눈물이여.

욕망이여 잠들어라

반짝이는 저 별들을
나는 좋아했다.
밤에만 빛나는 셀 수 없는 저 별들을 너무너무 좋아했다.
경아.
너에게로 향한 그리움을 억제할 수 없어 눈보다 희고 핏빛보다 진한 애타는 이 글을 전해주련다.
마음에 새겨진 애정을 영원토록 맹세한 너와 나였지만 차라리 촛불이라도 밝히고 싶은 이 허무함을 어찌 달랠수 있겠는가.
하염없는 방울방울의 눈물이 사나이의 뺨을 흘러 내릴 때 불같은 사랑도 식어져만 가는 건지.

경아.
뜨거운 피가 내 야윈 몸속의 혈관을 맴도는 한, 저 별이 밝고밝게 나를 비춰주는 한 내 가슴에 남아있는 애정을 어쩌면 좋으랴.
젖가슴 속살보다 어여쁜 그 볼우물을 무슨 연유로 해서 눈물로 적셨는지, 알다가도 모를 야릇함을 너만이 간직해야 했었는지.
보라빛 꿈이삭을 줍던 어느날 나는 너의 전부였음을 고백하지 않았던가. 먹구름이 한 줄기 소나기를 몰고 오는 날에도, 백설의 대지 위에 사랑을 새겨 논 날에도 어김없이 하늘을 쳐다보며 환희의 밀어를 수놓곤 했었잖나.
한 여름날 바닷가, 모래위에다 쌓은 작은 성을 밀물이 스치면 그뿐인 것을 몇번이고 되풀이한 그런 참된 의지는 흐르는 세월속에 묻혀 만버렸는지….

하늘도 울고 땅도 울던 날!
찢어질 듯한 상흔을 안고 가슴 촉촉히 스며진 너의 한(恨)어린 마지막 모습을 잊지 못했다. 해서, 오늘처럼 별무리마저 잠든 한밤에는 모진 아픔과 통곡으로 지새운다는 것을 알 까닭이 있겠는가.

꼭두 이런 새벽을 끌고 오는 25시에는 꺼질줄 모르게 타오르는 열정을 가누어야 했다.

지는 나무잎새처럼 고독을 섭어야 했다. 경아는 욕망 속의 영원한 여인이었기에.

그럴진데

추억아, 너에겐 말하리라.

안녕을 배우라고—

사랑의 극치

철씨.

녹색 싱그러움이 물씬하는 5월입니다.

파란 잔디가 단비를 기다리듯 임의 그 뜨거운 입김을 기다리고 있읍니다.

때로는 빈가슴에 꽉 차오르는 공허를 의식하면서도 별이 속삭이는 밤엔 외롭질 않았읍니다. 임의 소리를 들을 수 있기에서 입니다.

목말과 애타는 사랑의 구원에도 해맑은 소녀의 미소처럼 은은함이 깃들곤했읍니다.

슬프디 슬픈 우리들의 옛이야기도, 금은 아름다운 추억의 한 페—지로 느긋함을 느끼고 있읍니다. 가난이 무언가를 일깨워 준 철씨의 그 엄숙한 자태에서 생활의 지혜를 많이도 배웠읍니다.

헤프게 쓰여지는 사랑이란 단어도 철씨를 알고부터 배웠읍니다. 별이 빛나는 밤엔 낭만과 사색, 고뇌와 환희의 의미도 새겨보았읍니다.

철씨.

이젠 우리라고 해도 좋을 성싶어 그렇게 부르렵니다.

사랑의 모닥불을 피우던 날, 우리는 제각기의 모든 것을 주곤 했읍니다. 오로지 한 사람에게만 줄 수 있는 깨끗한 참 사랑을 아낌없이 서로는 바쳤읍니다. 신비와 황홀을—석류알처럼 알뜰한—그런 사랑을 말입니다.

티끌하나 묻지 않은 여명의 새벽을 기구하듯이 가만가만 눈을 부벼 우리의 길을, 그 사랑의 오솔길을 맞었던 것입니다. 유난히도 그 날에는 많은 새들이 우짖었읍니다. 우리의 진실된 사랑을 축복이나 해주듯 말입니다.

철씨.

정녕 나의 전부가 돼버린 싯점에서 언젠가 버들피리 불어주던 시골의 뒷산을 그리렵니다.

그 누구도 흉내 낼 수 없는 잉꼬부부처럼─. 하늘아, 별아, 산아, 냇물아 너희들은 알고 있겠지. 철씨와 자야와의 진지한 표정, 표정들을 태양과 뭇별이 스러지지 않는 한 기억해 주겠지.

사랑하는 철씨.

보고 싶습니다.

철씨의 그 뜨거운 숨소리에 제 심장은 멎은 듯 해지고.

그 우람한 체격에서 안온을 느낄수 있읍니다. 넓은 이마엔 지성이 있고, 큼지막한 손아귀엔 노동이 있고, 차디찬 눈매엔 의지와 통찰력을 느끼게 했읍니다. 결코 철씨를 치켜 세우려고 말씀드리는 것은 아닙니다.

철씨를 생각할 때 초라한 제 몰골이 가없다(?)고만 느껴질 따름입니다.

그러나 철씨.

음지가 있으면 양지가 있게 마련이니 더는 초라하게 만들지 말아주세요. 간절한 바램입니다.

누구보다 못잖은 뜨거움이 그래도 있고, 섬세함이 그래도 있다고, 그리고 여자다운 아름다움이 충만하다고 거짓이라도 좋습니다.

전하여 주시기 바랍니다.

그토록 반짝이던 눈동자에 이슬이 맺히지 않도록 말입니다.

우리 둘만의 가슴에 새겨진 값진 애정을 고이고이 갈무리해야 될 듯 합니다.

순결 끊어질 그날까지─. 최선을 다하렵니다.

무지개 꿈이 아롱진 이 별이 속삭이는 밤에 자야의 마음을 전해 안녕을 드립니다.
건강하세요.

자야가 드리며

한밤에 주는 마음

얼마나 소식을 기다렸는지 당신은 모릅니다.

기다림이 자칫하여 원한으로 변질될 수도 있다는 사실만을 기억해 주십시오.

모든 것이 고요하기만 한 24시 직전. 가끔 야경꾼의 호르라기 소리만이 정적을 깨트리는, 하루중 가장 마음이 끌리는 시간입니다.

당신과의 만남이 2개월이 넘었으니 아무래도 정상적이라곤 볼 수 없읍니다. 흔히들 사랑은 「줄다리기」라고 말했읍니다. 그리고 조건없이 주는 것이 진실된 사랑이라고 들어왔읍니다.

그러나 주는 것 만으로 우리들의 사랑은 영글지 못할 듯합니다. 당신이 주든 누가 주든, 메아리 없는 그런 성인(聖人)적인 일반통행은 적어도 우리 사이에선 불가능할 것이기 때문입니다.

내가 주는 사랑만큼 당신으로부터 받아 오는 것이 당연하다고 생각해 봅니다.

사랑을 쏟는데도 초연(?)지사라면 분명 한쪽은 흑심이 있다는 걸로 냉정한 판단을 해야 합니다. 피차간의 피로움을 덜어 주기 위해서, 주고 싶은 정과 받고 싶은 정의 형평의 원칙을 허물지 않기 위해서라도 올바른 태도를 가져야 합니다.

너무 이기적인 사랑이라고, 산술이 앞서는 사랑이라고 힐책하셔도 좋습니다.

검은 것은 검다하고 흰것은 희다고 명확한 답변을 주셔야 합니다. 묵묵복답은 부정적인 면으로 간주하고 당신을 단념하겠읍니다.   사

175

랑을 할려면 뜨겁게 하라는 유행가사가 생각키웁니다. 물론 제 성격 탓도 있지만 한숨과 울분과 고통, 번민같은 것은 거추장스럽습니다. 그보담 그럴만한 여유도 없읍니다. 제 자신 할 일도 많은데 고개를 외로꼬고 한많은 세월을 무작정 기다린다는 것은 그야말로 비생산 적이기 때문입니다.

당신.

그러나 오해를 마십시오.

위의 말들은 내 친구로부터 자기의 연애관을 빌려본 것에 불과합 니다. 내가 스무 몇해를 살아 오는 동안 선을 베풀어서 화를 입은 예는 극히 드물게 보아왔읍니다. 그러니까 주는 것이 그렇게 아름다 울 수가 없읍니다.

한 몸이 으스러지도록 정성을 심고 알뜰히 가꾸어 보렵니다. 사랑 이나 행복이란 것은 숫자상으로 나타나진 않습니다. 다만 거기엔 인 고와 아량과 물질의 탐을 떠난 마음가짐을 필요로 할뿐 입니다. 시 지푸스의 신화처럼 끝없이 바위를 산꼭대기로 굴러 올리는, 떨어지 면 또 시작하는 뼈를 깎는 아픔만이 동반할 따름입니다.

그러노라면 언젠가 반겨 맞이할 것입니다. 그리도 갈구하던 진실 된 사랑과 행복을 얻을 수 있읍니다. 얻고자 함에서 뿌린 것은 아닐 줄 압니다. 바램없이 뿌린 씨앗의 자연 결실인 것입니다. 이것은 오 직 신의 섭리인 것입니다. 하늘은 스스로 돕는 자를 돕는 것이기 때 문입니다. 이런 진실과 역경에서 잉태된 열매를 이름하여 뿌리 깊은 나무는 흔들리지 않는 다는 것이라 합니다. 이런 건실한 바탕위에 이루어진 사랑은 인간에 있어서 한 줌의 흙이 되는 최후까지 서로를 미워하지 않으며, 서로를 격려하며 생을 살아가는 것입니다.

서로가 아끼고, 미덕을 찬양하는 더 할 수 없이 부러운 사랑의 승 리자가 되는 것입니다. 그래서 그들에겐 배반이란 생각조차 못합니 다. 그들의 사랑은 별에 새겨졌읍니다. 한밤의 별에 빌고 빈 기원 의 열매이기도 한 것입니다.

당신.

당신은 곰곰 사념에 잠길 것입니다.

떤 길이 소망스러운가를 말입니다. 제 자신 존경하는 선배로부
터 들은 체험담을 반추할 것입니다.

다시 생각나면 소식 주십시오 그럼 안녕을 빕니다.

제 4 장 명작속의 러브레타

名作속의 러브러타

가련한 이여

―모파상 「죽음처럼 강하다」에서

가엾은 내 애인.

당신의 가슴 속을 헤아리기만 하여도 내 마음은 몹시 아픕니다. 그리고 내겐들 이 세상의 재미란 대체 무엇일까요. 당신의 모습을 보지 못하는 요즘, 잡아매는 사슬도 없고 의지할 집도 없는 떠도는 개처럼, 버려진 개와 같은 나입니다. 무슨 일을 하든 금새 피곤해지고 진절머리가 납니다. 그리고 신경만 어지럽습니다. 당신과 그리고 아네트의 일만 생각하고 있읍니다. 이럴 때야말로 당신들 사이에서 살고 싶은데, 어쩌면 그렇게도 먼 곳에 있는 건지.

마치 당신이 세계의 끝에 있는 건만 같아서 이처럼 함께 있지 못한 쓰라림을 당해본 일은 없는 것 같습니다. 당신이야 말로 나의 전부라는 것을 오늘처럼 절실하게 느껴 본 일은 내가 젊었을 무렵에도 없던 일이군요. 좀 전부터 위기가 닥쳐 오리라는 것을 나도 예감은 하였읍니다.

죽어가는 청춘의 피가, 늙어 물들어진 나의 체내에서 시험해 보는 최후 발악이라고 할 것인지요. 이상한 체험이기에 당신께도 들려 드리고 싶습니다. 즉 당신을 보지 못하고서부터는, 건들건들 돌아다니는 일도 못하게 되었읍니다. 이전에는―이라지만 바로 최근까지 혼자서 거리를 쏘다니는 일이 아주 좋았던 나입니다.

걸어가는 길에서 만나는 사람들이나 눈에 띄는 것에 마음을 빼앗기고 본다는 기쁨과 돌에 덮인 보도를 활보한다는 즐거움을 마음껏 맛보았던 것입니다. 걷기 위해서, 숨쉬기 위해서, 몽상에 젖기 위해서, 정처도 없이 앞으로 앞으로 전진해 걸었던 것입니다.

그것이 지금은 도무지 되지를 않습니다. 길에만 나서고 보면 불안한 심성이 가슴을 죄어듭니다.

길잡이 개를 잃은 장님 같은 불안입니다. 숲 속에 길을 잃은 나그네와 똑같은 심리입니다. 그리고 보면 집으로 돌아갈 밖에는 도리가 없어집니다. 내 눈앞에서는 빠리의 시가지 전체가 텅빈 무서운 걸르 보여져 앉지도 서지도 못해지는 것입니다. 「어디로 갈까?」라고 생각해 봅니다. 「뭐, 찾아갈 곳이 따로 있나, 산책의 길인 걸」이라고 자신에게 타이르기도 합니다.

그러나 그것은 되지도 않는 일입니다. …… 이제는 벌써 정처도 없는 발걸음이 앞으로 서 가지지를 않습니다. 앞으로 앞으로 걸어간다고 생각만 해도 전신이 피로하여 지쳐 빠지고 아무것도 해볼 마음이 되지를 않습니다. 그래서 클럽으로 나가게 됩니다만, 그런 곳에 가보아도 우울한 기분은 덜어지지 않습니다.

도대체 무슨 까닭인지 아시겠읍니까? 당신이 빠리에 없기 때문입니다. 그렇지요! 사실이지요! 당신이 빠리에 있다고만 내가 알고 있으면 어떠한 산책이라도 뜻이 있게 됩니다. 언제 어느 곳에서 당신을 만날지 모르기 때문입니다. 그 어디에 내 애인이 있을지도 모른다고 생각만 하면, 어딜 가는 것도 싫지가 않지요.

당신 자신을 만나지 못한다 하여도 당신의 분신인 아네트 아가씨를 만날지도 모른다고 생각했지요. 당신들은 둘이서 거리마다 가득히 희망의 빛을 던졌던 것입니다. 먼「앞에서 당신이 내 쪽으로 다가올지도 모르겠다. 아니면, 뒷모습으로 그걸 발견할지도 모르겠다.」어떻든 통행인으로서 당신을 발견하리라는 희망이 내게는 있었지요. 다만, 그것만으로 빠리의 거리가 굉장한 것으로 보여졌던 것입니다.

당신을 닮은 맵시의 여자를 발견만 하면, 거리의 소음은 내 마음을 어지럽히고 내 기대에 불을 질러 버려서 눈에는 다른 아무 것도 보이지 않았어요. 당신을 만나고 싶다는 생각이 돋구어지는 입맛처럼 한결 강해집니다.

당신이 깊은 슬픔의 눈물 속에서 앞도 가리지 못하는 처지에 구구 국국 목울림한 울어대는 늙어빠진 비둘기처럼 제 고독만을 한탄하는 이 나, 얼마나 에고이스트라 하겠읍니까. 용서하세요. 당신에게 떠받쳐 오던 나입니다. 당신이 내 옆에 없고 보니 당신에게 「살려주오」라고 외칠 밖에 길이 없군요.

나를 가엾게 보아 주시도록 당신의 발목에 키스를 보냅니다.

올리비에

七월 二十五일 빠리에서

〈註〉: 여기에 나오는 편지는 프랑스 작가 모파상의 「죽음처럼 강하다」 중에서 나오는 것인데 이 작품은 예술의 도시 빠리의 사교계를 그 무대로 해서 씌어진 일종의 예술가적인 것이다.

올리비에는 육체적으로는 이미 황혼기에 접어든 노년이지만 젊은이 못지않은 정열적인 감각의 소유자며, 끝내는 그 샘솟 듯하는 정열로 여인과의 뜨거운 관계를 맺게 된다. 그러나 이 사랑도 모순 속에 휘말려 편지 내용처럼 슬픔과 비애를 느끼게 되는 사랑의 우수를 남겨주고 있다.

슬픔은 하염없이
I
— 지드 「좁은 문」에서

그리운 제로움.

나는 네가 제의한 것을 곰곰이 생각해 봤다. (내가 제의한 것! 약혼을 이렇게 부르다니!) 나는 네게는 너무 손위가 아닌가 두렵다. 너는 여태 다른 여자들을 사귈 기회가 없었기 때문에 어쩌면 아직은 이렇게 생각되지 않을 거다. 그렇지만 내 생각엔 내가 너의 것이 되고 나서 네 마음에 더 들지 못하는 나를 보게 된다면, 나중엔 나마저 이런걸 피로와 할 것 같다. 이 글을 읽으면서 아마 무척 화를 낼거다. 항변이 들리는 듯하다.

그러나, 내가 좀 더 인생에 들어서게 되기를 기다려 달라고 나는 부탁하는 것이다.

이런 말을 하는 것도 오직 너를 위해서라는 것을 이해하여 주었으면 한다. 나로선, 내가 너를 사랑하지 않게 될 수는 결코 없으리라는 것을 잘 알기 때문이다.

알 리 싸

Ⅱ

그리운 제로움.

무척 슬픈 소식을 전하렵니다. 가엾은 알리싸는 이미 이 곳에 있지를 않습니다. 오오! 오빠의 편지에 씌어져 있던 그 근심은 참말로 근거가 있는 것이었읍니다. 몇 달 전부터 언니는 확실한 병도 없으면서 점점 쇠약해 갔어요. 그래도 내 간청에 못이겨 르·아브르에 있는 A…박사의 진찰을 받기로 승낙했던 것입니다. 그러나 A…박사는 나에게 언니는 별로 아무렇지 않다고 편지를 보냈던 것이었어요.

그런데 오빠가 찾아가신 지 사흘 후 언니는 갑작스레 풍그즈마르를 떠났읍니다. 로베르에게서 편지를 받고서야 나는 언니가 집을 나 갔다는 것을 알았읍니다. 언니가 편지한다는 것은 좀처럼 없는 일이 었기에, 로베트가 아니었더라면 그런 줄을 전연 모르고 있었을 거예 요. 언니에게서 소식이 없었다고 갑자기 근심하게 되지는 않았을 것 이니까요.

로베르에게는 그처럼 떠나게 내버려둔 것과 빠리에 함께 따라가 지 않은 것을 톡톡히 꾸짖었읍니다. 글쎄, 떠나버린 때부터는 언니 의 행방도 모르게 되었으니 그런 변이 어디 있겠어요. 언니를 만날 수도 없고, 편지조차도 못 내게 되어 얼마나 내가 애를 태웠는지 짐 작하시겠지요. 로베르는 며칠 후 빠리에 가셨지만, 무엇 하나 알아 내지 못했어요. 어떻게 꾸무럭거리는지 성의를 의심할 정도였어요. 경찰에 신고하지 않을 수 없어요. 우리들은 그렇게 불안속에 그냥 있을 수가 없었던 거예요. 에두아르가 몸을 붙이고 있던 조그만 요 양원을 찾아냈어요.

오! 그러나 이미 늦었던 것입니다. 나는 언니의 사망을 통지하 는 원장의 편지와 언니의 임종을 보지도 못했다는 에두아르의 전보 를 동시에 받았읍니다.

마지막 날, 언니는 우리가 통지를 받을 수 있도록 우리 주소를 한 장의 봉투에다 적어 놓았고, 다른 한 장의 봉투에는 르·아브르 의 우리 공증인에게 유언을 적어 붙였던 편지의 사본을 넣어 두었답니 다.

……중략 (中略)

그리운 제로움! 나는 이 부고가 일으킬 끝없는 오빠의 애통한 슬 픔을 잘 알아요. 편지를 쓰는 나도 찢어질 듯한 가슴이예요. 나는 이틀 전부터는 자리에서 일어나지도 못하게 되어, 지금 이 편지도 간신히 쓰고 있어요.

그러나, 나 아닌 다른 사람에게―에두아르나 로베르에게 일지라 도―필경 우리 두 사람만이 이해할 수 있었던 알리싸에게 관한 이야 기를 맡기고 싶지는 않았어요. 이처럼 나도 다 늙은 가정의 주부가 되어버린 지금, 그리고 쌓이고 쌓인 잿더미가 불타오르던 과거를 뒤덮어버린 지금은, 오빠를 다시 만나고 싶어해도 되겠지요.

언제라도 볼일이나 유람차 님므 부근에 오게 되시거든 에에그, 비이브에도 들려주세요. 에드아르도 오빠를 만나 보는 것을 기뻐할 것이며, 또 우리 둘이서 알리싸 이야기를 할 수도 있겠지요.

안녕히 계십시오. 그리운 제로움.

무척 서글픈 마음으로 키스를 보냅니다.

〈註〉: 앙드레 지드의 작품 「좁은문」중에 나오는 편지인데 그 내용을 대강 말하면 편지의 사연을 금방 알 수 있다. 신교도인 제로움과 알리싸는 서로 사랑하는 사이이라 그들의 결혼을 방해하는 것이라고는 그들이 가지고 있는 거대하고 고상한 금욕주의적 이상 이외에는 아무 것도 없었다. 알리싸는 성경의 가르침 대로 〈좁은 문〉을 지나가자고 한다. 그리하여 제로움에 대한 사랑을 단념하고, 그것을 하나님께 바치려고 한다.

그러나 제로움을 사랑하는 그녀에게는 세상만물을 제로움을 통해서가 아니고는 볼 수가 없다. 하나님의 사랑도 제로움을 생각하지 않고는 무의미한 것임을 안다.

알리싸는 자기의 정열을 떠나 청결하게 되기 위하여 제로움과 만나는 도수를 점점 줄이고, 자기 주위에서 제로움을 생각나게 하는 모든 물건을 없애버리면서 갖은 노력을 다하여 그를 잊으려고 한다.

이 싸움은 결국 정신적인 피로 끝에 그녀를 마침내 죽음으로 이끌게 한다.

임종시의 그녀의 마지막 말은 암시적이다. 「나의 마음이 부인하는 이 덕은 과연 얼마나 귀중한 것인가」고 말했다.

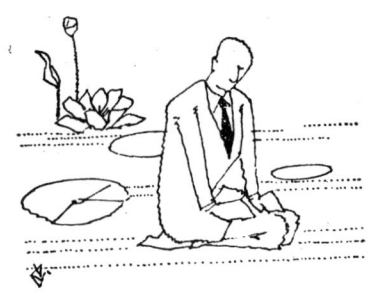

사랑하는 아내에게

—펄벅 「북경에서 온 편지」에서—

　무엇보다 먼저 내가 사랑하는 사람은 당신뿐이라는 것을 말해 두오. 내가 지금 무엇을 하고 있든 내가 사랑하는 사람은 당신이라는 것을 믿어 주오.

　비록 당신이 이제 나에게서 편지를 받지 못하는 한이 있더라도 내 가슴 속에서는 매일 당신에게 글을 쓰고 있다는 것을 알아 주오. 나는 이 말을 다음에 꼭 말해 둘 일 때문에 썼소.

　우리집에 중국 여성을 들인다는 것은 나로선 어쩔 수 없는 일이었소. 집을 살피고 내 옷을 세탁하고 손질하는 그런 것들을 할 사람이 필요하다는 문제만이 아니오. 당신도 잘 아다시피 당신이 그렇게도 나에게 잘 해 주었던 그 모든 일들이 이제는 난처하게 돼긴 하였소.

　그러나 현재 나는 내 자신을 증명해야만 되게 되었소.

　권세를 쥐고 있는 그들 앞에 충성을 맹세하는 것 뿐으로는 충분하지 않을 것 같소. 나는 모든 나의 과거를 청산하고 중국인 아닌 피를 저주해야 하고 나 자신의 외국인 부분을 반역하리라고 선언해야 하오.

　나는 다른 여인을 선택하라는 명령을 받았소. 당신도 나도 언제나 서로 정직하였기에 이 말을 하는 것이오. 지금 당신에게 조금 덜 성실하다면 그것은 우리가 함께 지내온 생활을 잊어버린 것이 돼오. 나는 결코 잊지 못하기에 이렇게 당신께 말하는 것이오.

　나는 다시는 편지를 못할 거요. 나에게 너무 위험한 일이고 우리 아들에게까지도 그 위험이 미칠 것 같아서요. 당신은 그애가 당신의 나라 안에서 안전할 줄 생각하겠지만, 내가 그애와 또 당신을 버리지 않는다면 그 애는 어느 곳에서도 안전하지 못하오.

　만일 내가 공연히 그렇게 했다는 소리를 당신이 듣더라도 정말 그렇게 한 것이라고는 아예 믿지 마오. 될 수만 있다면 이런 시대가 다 지나갈 때까지 살아있고 싶소. 아무리 피하려고 애를 써도 정 죽음이 내게 다가온다면 나의 생각은 다만 당신뿐, 나의 사랑하는 「이브」뿐이었다는 것을 부디부디 잊지 말아 주오.

—제 랄 드—

〈註〉:「북경에서 온 편지」의 미국 작가 펄벅여사는 서양작가라기 보다는 동양 속에서만 살고자 하는 동양인에 친숙한 작가이다.

이 작품은 그의 풍부한 인간미와 종교적인 신앙심을 바탕으로 만인들에 감동을 주는 명작이다.

여기 나오는 편지는 정치적 분규 문제로 남편과 아내가 서로 헤어져서 그리워하며 쓴 것인데 이 내용의 배경은 남자 주인공이 미국에 유학가서 알게된 여자 (소설의 여주인공) 와 열애한 끝에 결혼하여 중국 (현재 중공) 에 살았다.

함께 살다가 정치적 분규로 인하여 여주인공이 중국에서 추방을 당하여 볼 먼트의 산기슭 자기 집에서 남편을 애타게 그리워 하며, 삶의 낙을 중국에 있는 남편의 편지를 받는데서 찾았다.

행여나 남편이 공산권을 탈출하여 아내에게 돌아오지 않나고 생각했지만 그것은 영원한 불가능의 일이 되고 만 것이다.

남자 주인공의 편지를 받고 볼 먼트 산기슭을 거닐면서 현재 자기 곁에 없는 남편을 「과거도 사랑했고, 현재도 사랑하며, 미래도 사랑할 것」이라고 마음 속으로 다짐한 것이 서양 작가 임에도 불구하고 동양의 여인상을 잘 묘사하고 있는 글이다.

애인을 빼앗기고
─괴에테 「젊은 베르테르의 슬픔」에서

이월 스무 날

나의 사랑하는 두 사람이여, 신께서 그대들을 축복하고, 나에게서 사라지는 모든 좋은 날을 그대들에게 주시도록 알베르트, 그대가 나를 배반한 것을 감사히 생각하네. 그대들의 결혼날은 인제라는 것을 알려 오기를 나는 기다리고 있었네. 그리고 그 날에는 엄숙하게 로테의 초상화를 벽에서 떼고 다른 종이 조각들 틈에다 장사지내려고 결심을 하고 있었네.

그런데 지금 그대들은 부부가 되고 그녀의 초상화는 아직 여기 걸려 있네. 이제는 그냥 그대로 두겠네. 그래서 안 될 일은 조금도 없으니까.

나도 진심으로 그대들과 같이 있는 것일세. 자네를 상하게 하는 일이 없이 로테의 마음속에 있겠네.

정말 나는 로테의 마음 속에서 제이의 장소를 차지하고 있네. 나는 그 장소를 언제까지나 지켜 나가겠네. 또 지키지 않을 수가 없네.

만약 그녀가 나를 잊어버리는 일이 있다면 나는 미치광이가 될 테지.

알베르트여, 이런 생각 속에는 지옥이 있네. 알베르트여, 안녕히, 안녕히.

하늘의 천사여, 안녕히 로테여.

〈註〉: 이 편지는 괴에테의 「젊은 베르테르의 슬픔」중에서 로테와 알베르트의 결혼후 베르테르가 두 신혼부부에게 보낸 찢어질 듯하는 가슴을 안고 쓴 것이다.

여주인공 로테로 말한다면 베르테르가 찾는, 사랑할 수 있는 이상적인 여인상이다. 베르테르는 애인을, 사랑하는 자를 빼앗긴 피로움을 굳게 참고서 두 사람의 앞날을 축복이나 하는 듯한 이 짧은 내용의 편지를 쓴 것이다.

당신이 돌아오길 별에 빌며
——토마스·하아디「테스」에서——

그리운 낭군님—바라건대 이렇게 부르도록 하여 주소서—저는 이렇게 부를 수 밖에 없어요—비록 저 같이 보잘 것 없는 아내를 생각하시고 노여워 하실ㅈ라도 저는 피로움속에서 당신께 하소하지 않을 수 없어요—제게는 당신밖에 하소할 분이 아무도 없으니까요! 제 몸에는 지금 유혹이 다가오고 있어요. 에인젤

그것이 누구라는 건 무서워서 말씀못드리겠으며, 또 이런   것은 아예 쓰고 싶지도 않아요. 그러나 저는 당신께서 전혀 생각지도 못하신 피로운 사정 때문에 당신에게 매달릴 수 밖에 없어요. 지금 곧, 무슨 무서운 일이 일어나기 전에 저한테로 돌아와 주실 수 없을까요? 아아, 그러하실 수 없다는 것을 저는 잘 알아요. 너무 먼 곳에 가 계시니까! 만일 당신께서 곧 돌아와 주시던지 아니면 그쪽에 저를 불러주시지 않으면 저는 필경 죽고말 것이에요.

당신께서 제게 내리신 벌은 당연한 것이에요—너무나 당연한 것인줄—저는 잘 알아요—그리고 저는 노여워하신 것도 지당하신 일이며, 그것이 저에게는 옳은 처사임에 틀림 없어요. 그러하오나 에인젤 바라옵건대 너두 이치로만 따지지 마시고—비록 저한테 그럴만한 가치가 없더라도 극히 조그마한 친절을 베풀어 주세요. 그리고 저한테로 돌아와 주세요! 돌아와 주신다면 팔에 안겨서 죽기라도 하겠어요! 만일   저를 용서해 주신다면 저는 죽어도 한이 없겠어요!

에인젤. 저는 오로지 당신을 위해서만 살고 있어요. 당신을 사모하는 마음만 깊어 갈 따름 당신께서 멀리 가셨다고 원망하는 생각 같은 건 티끌만치도 없으며, 당신께서 농장을 찾으셔야만 한다는 것도 잘 알고 있어요. 제가 한 마디라도 원망 비슷한 말을 입 밖에 냈다고 생각하지 마세요. 그저 돌아오시기만 해 주세요. 당신이 안 계시면, 보고싶은 당신이 당신이, 아아 저는 쓸쓸하고 쓸쓸해서 성

날 못견디겠어요. 제가 일을 해야 된다는 것 따위는 아무렇게도 생각하지 않아요. 만일 단 한 줄이나마 편지를 써 보내 주신다면, 〈이제 곧 돌아간다〉고만 말씀해 주신다면 얼마라도 참고 기다리겠어요. 에인젤, 오오, 그야 정말 즐거운 마음으로 기다리겠어요!

우리들이 결혼해서 오늘날까지 제가 마음 속으로 생각한 것도, 남들에게 보인 행실도 모두 당신께 대한 정절을 지킨다는 것, 그것이 저의 무엇보담 큰 종교였어요. 같이 낙농장에 계셨을 때에 당신께서 날마다 생각하시던……그 시절에 사랑하던 그 테스와 다름없는 여자예요. ―당신과 만난 순간부터 저의 지난 과거는 어찌되었을까요? 그것은 깡그리 소멸되고, 저는 다른 여자가 되었던 거예요. 당신께서 베푸신 새로운 생명에 가득찬 여자로……그리운 에인젤, 만인 당신께 좀 더 자부심이 계시다면, 그리고 이 변함을 저에게 끼쳐 주실 충분한 힘을 갖고 계시다는 걸 그나마 알아 주실 자신을 간직하고 있으시다면, 반드시 저한테로, 당신의 불쌍한 아내 곁으로 돌아 가리라는 생각을 가지실 거예요.

언제까지나 당신의 사랑을 받을 것이라고 믿고 행복에 취해 있었던 저는 얼마나 어리석었을까요……그러나 저는 지금 과거의 일뿐 아니라 지금 당하고 있는 일로도 피로와 하고 있어요. 그만 그후로 ―아아, 그만 그후로 당신을 못뵈옵고 있다는 것이 얼마나 내 마음을 괴롭힐 게냐고, 그걸 생각해 보세요, 아아, 제가 날마다 밤마다 마음을 괴롭히고 있듯이 그리운 당신의 마음을 하루에 일분간이라도 괴롭힐 수 있다면 꼭 당신도 당신의 가엾고도 홀로 있는 아내를 불쌍하다고 생각해 주실 거예요.

세상 사람들은 아직 저를 퍽 이쁘다고들 해요. 에인젤. 아마 모두들 말하는 그대로라고 저도 생각해요. 하지만 저는 제 용모같은 걸 아무렇게도 생각지 않아요. 이 용모가 다만 당신의 것이고 저의 소중한 분의 것이고 당신께서 가지셔도 부끄럽지 않을 것이 그나마 저한테 하나 있구나 하고 생각하며 단지 그런 뜻에서만 간직하고 싶다고 생각하는 거예요. 이 일이 몹시 걱정이 되어……저는 남들이 그것을 탐내고 있을 동안 얼굴에 붕대를 둘렀어요. 오오, 에인젤, 이런 말을 저는 제 자신만을 위해서 말씀 드리는 건 아니예요. 당신께서도 꼭 알아주시리라고 생각하지만 오로지 당신께서 돌아와 주시면 하는 애타는 마음에서 말씀드리는 거예요.

만일 아무래도 돌아오실 수 없다면 저를 당신 곁으로……저는 어쩌지 못할 괴로운 지경에 있어요. 제 마음에도 없는 것을 강요당하고 있어요. 제가 설사 한 치라도 응할 리는 없지만—그러나 제가 넘어져서 무슨 무서운 함정에라도 빠지게나 된다면 이번에야말로 처음 경우보다도 더욱 비참한 일이 될 거예요. 오오, 하나님 저는 도저히 그런 것을 생각할 수 없어요. 곧 저를 당신 곁에 가게 해 주세요. 그렇지 않으면 곧 이쪽으로 돌아와 주세요.

설사 당신 아내로서 살 수가 없더라도 당신 종으로서 곁에 있게 된다면 그것만으로도 저는 만족해요. 아니 만족하다 뿐이겠어요. 도리어 기쁠 정도예요. 그러면 당신 곁에만 있을 수 있고 당신을 쳐다볼 수도 있고 또 당신을 저의 것이라고 생각할 수도 있는 걸요.

당신이 안계시기 때문에 여기서는 햇빛이 있어도 저에게는 아무 것도 보여주지 않고 들에 있는 찌르레기 새 같은 것도 보고싶지 않아요. 정말이지 늘 같이 그 새들을 봐 주시던 당신이 여기에 안계신다고 생각하니 슬프고 슬퍼서 못견디겠어요. 하늘에서도 땅에서도 그리고 땅밑에서라도 당신과 만나고 싶다고 저의 소중하고 소중한 당신을 만나고 싶다고 단지 그것만을 바라고 있어요. 제발 돌아와 주세요—돌아오셔서 저를 위협하는 것에서 저를 건져주세요!

—당신께 성실한

테 스 올림

〈註〉：테스는 여주인공으로 한 시골에서 자란 순정적인 소녀. 그녀의 미모가 원수라 고난의 인생을 보내어 마침내 살인죄를 범하게 된다.

에인젤은 엄격한 목사 가정에서 자라난 정열적인 청년이며 테스와 결혼, 근대 사상의 영향을 받고 성직에의 종사를 싫어하고 농장생활을 하는데, 이 편지에서도 보다시피 과거의 자기 고백과 더불어 처녀성을 중요시하는 남편 (에인젤) 의 태도가 돌변하여 테스는 버림을 받게 되었고, 그녀의 집안이 살아가기 위해서는 스스로의 지난 생

191

애를 짓밟은 사나이가 다시금 내미는 손에 매달리지 않을 수 없게 됨에 테스는 마지막 구원의 간청서를 남편에게 띄우나 결과는 정조의 비극으로 끝맺게 된다. 아뭏든 테스의 비극 전말은 활력에 넘치는 순정적인 여성이 제멋대로인 두 남성의 희생이 되어 파멸하는 것으로 구절양장, 구구절절이 애원하는 이 편지는 만인의 가슴을 쥐어뜯는 슬프디 슬픈 부부간의 애정산맥의 글귀로 평가되고 있다.

애정 여로

—이효석 「벽공무한」에서—

전략 (前略)……

고향을 떠난 지도 벌써 몇 달이 되었는지 그 동안 시절도 바뀌어
졌건만 분주한 마음에 옳은 정신없이 지내노라고 이제야 겨우 고향
의 소식을 묻게 되었읍니다.

몇 천리 거리나 되는지 고향은 먼 바다 건너의 조그만 등불같이
마음 속에 아득하게 깜박거리고 있을 뿐입니다. 이제 오래간만에 고
요히 생각하면서 붓을 드노라니 아닌게 아니라 한가닥 회포가 유연
히 솟아옴을 느끼게 됩니다.

꿈결 같은 몇 달이었읍니다.

너무도 당돌한 행동을 삽시간에 가져버리고 나니 이것이 정말 현
실 속의 일인가 싶으면서 얼떨떨한 착각을 금할 수 없어요. 제게는
그럴 수밖에 없었고 그렇게 하는 것이 가장 마땅하다고는 생각하면
서 지금도 그것을 뉘우치지는 않으나 원채 저질러 놓고 보니 엄청난
일이라 제 자신 놀라고 있는 중예요. 선생이 저를 오해하고 꾸중이
나 하실까만 아무래도 뒤에 남는 생각이 깨운하지 못하면서 마음 한
구석이 무거운 것도 사실입니다.

그러나 내친 걸음을 지금 새삼스럽게 어떻게 하겠읍니까. 이것도
하나의 운명이요 전세의 인연이 아닐까 하고만 생각합니다. 선생께
대한 미안한 말씀은 적지 않고 그저 제 말만 자꾸하게 되는 것을 용
서 해 주세요. 앞으로는 마음을 좀더 다구지게 먹을 작정입니다. 지
난 일을 생각하고 되풀이해야 소용없는 것, 차례진 것을 굳세게 걸
을 수밖에는 없어요. 지금보다도 더 강해지려고 마음먹고 있읍니다.

중략 (中略)……

상해에 왔다고는 해도 아파아트 방에 박혀있는 까닭에 어디가 어
디인지 몇 달을 지냈지만 아직도 분별을 못하겠읍니다. —언제까지
호텔에만 묵을 수도 없는 까닭에 아파아트의 방 두간을 얻어 오래

살 잡도리를 했읍니다—.

어쩌다 거리에 나가 대로를 거닐어 보면 낯서른 곳에 왔다는 느낌이 불현듯이 들곤 해요. 고향과는 얼마나 모든 풍경과 물정과 인심이 다른 곳이잖읍니까.

모든 것이 다른 까닭에 도리어 안심될 때도 있다가 때로는 안타깝고 답답한 심사가 불끈 솟습니다. 외국 조계 근처를 거닐다가 강가로 나갔다가 다리를 바라보았다 하노라면 가슴을 파고드는 고향에 대한 근심을 걷잡을 수가 없읍니다. 다시 그향의 땅을 밟아볼 수 있을까 하는 조바심이 생기면서 공연한 것을 한 것이 아닐까 반성되는 것도 반드시 그런 때랍니다.

……제게 대한 소문이 얼마나 자자하고 즉일 것 살릴 것 하고 험구가 많겠읍니까. 세상 사람이야 언제나 욕하길 좋아하지, 어디 이해하고 칭찬하기를 즐겨하나요?

필연코 제 소행도 고향에서는 벌써 검은 판에 박힌 것일께구 제 이름은 개천 속에 버림받은 것이겠죠. 그럴수록에 고향은 제게는 더 어려운 곳이 되고 멀어만 지는 듯해요. 안타까운 생각은 이런데도 솟아요.

사시장천 밤이나 낮이나 쳐다보는 건 만해의 얼굴뿐이죠. 역시 저는 그를 사랑한다고 하는 수밖에는 없어요.

사랑하니까 지금까지의 행동도 취한 것이고 일이 이렇게 되어보니까 앞으로는 더욱 사랑하지 않을 수가 없게 되었어요. 그를 사랑하지 않고야 지금 제게 남겨진 일이 무엇이겠읍니까.

그가 저를 생각하는 심정이 또한 이만저만한 것이 아니기 때문에 제 마음은 그에게로 더욱 쏠리는 수밖에는 없어요.

이왕 이곳에서 오래 지내게 될 바에는 언제까지 놀고만 있을 수도 없어서 무슨 일이라도 시작해 보겠다고 요새는 자나 깨나 그 계획인 모양인데 사람 일 모르죠. 여기서 또 장차 크게 성공할지 뉘 아나요. 요행 떠나올 때 앞에 차례진 것은 몽땅 가져왔던 까닭에 그것만 가지면 못할 일도 없을 듯해요.

아뭏든 여기서 마음을 붙여볼까 하는 중이므로 고향과는 자연 당분간 멀어질 것 같아요. 정말 세 말만해서 미안합니다만 곡해와 비

194

난을 풀어주시고 그리고 저를 한시 바삐 잊어주세요. 이것만이 피차를 생각하는 소치일 거예요. 제 말을 귀애하시거든 더럭 막아주시고요.

또 소식 드릴 기회 있을까 합니다. 오늘은 첫 편지라 제 이야기만으로 이만 실례하겠읍니다. 내내 안녕하세요.

청 매 올림

〈註〉: 이 편지는 이 효석의 장편소설 「벽공무한」에서 발췌한 것이다. 편지의 주인공인 청매는 사업의 실패를 연유로 부인을 버린 만해와 상해로 사랑의 줄행랑을 놓은 기생이다. 이 소설의 주인공 일마에게 그간의 소식과 자신과 만해와의 결합을 현실적인 면에서 합리화를 강력히 시사하는 한 여자의 솔직한 마음의 고백을 한다. 고향 생각에 잠기는가 하다가 현재를 의식하며 꿋꿋이 돌아서는 숭엄한 자태와, 동기야 어쨌건 사랑의 열정은 식어지지 않으리라고 다짐하는 글이다.

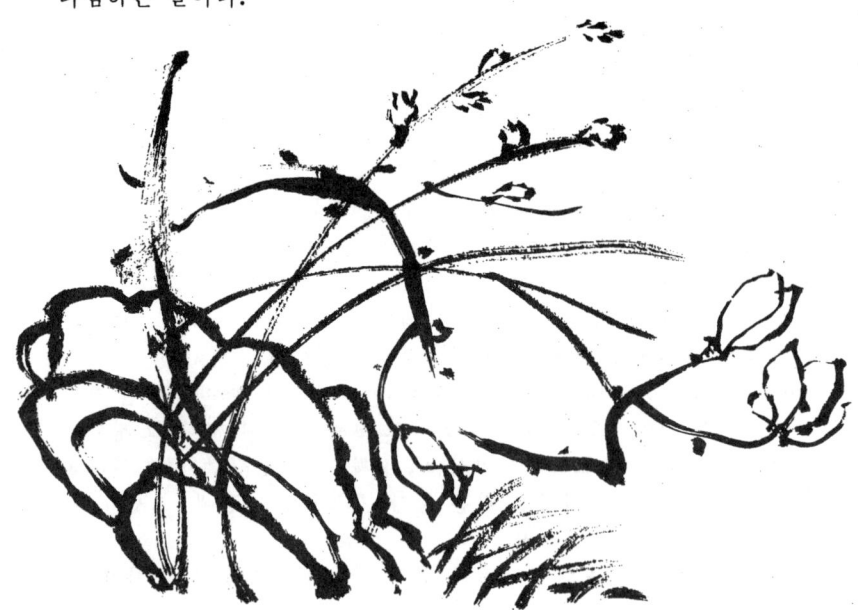

경애하는 동지에게
I
—심훈 「상록수」에서

나의 경애하는 동혁씨!

무한한 감사와 가슴 벅찬 감격을 한아름 안고 무사히 저의 일터로 돌아왔읍니다. 그 감사와 감격은 무덤 속으로 들어간 뒤 까지라도 영원히 잊지 못하겠읍니다.

떠날 때에 바쁘신 중에도 여러분이 먼길을 전송해 주시고 배표까지 사주신 것만 해도 염치 없는데, 꼭 배안에서 뜯어보라고 쥐어주신 봉투속에 십원짜리 지전 한 장이 들어 있는 것을 보고 놀랐읍니다.

몇 번이나 다시 돌려 보내려고 하였으나 한창 어려운 고비를 넘는 농촌에서 십원이란 큰 돈을 변통하기가 얼마나 어려우셨을 것을 알고 또는 제가 떠나기 전날 밤에 이 돈을 남에게 취하려고 몇 십리 밖까지 가셨다가 늦게야 돌아오셨던 것이 이제야 짐작되어서, 차마 도로 부치지를 못했읍니다. 몸 보할 약이라도 한제 지어 먹으라고 간곡히 부탁은 하셨지만 백원 천원보다도 더 많은 이 돈을 저 한몸의 영향을 위해서는 쓸 수 없읍니다. 그대로 꼭 저금해 두었다가 가을에 지으려는 학원마당 앞에 종을 사서 달겠읍니다.

아침 저녁 저의 손으로 치는 그 종소리는 저의 가슴뿐 아니라 이곳 주민들의 어두운 귀와 혼몽이 든 잠을 깨워주고 이 청석골의 산천초목까지도 울리겠지요.

나의 경애하는 동혁씨!

자동차가 닿는 정류장에는 부인친목계의 회원들과 내 손으로 가르치는 어린들이 수십명이나 마중을 나와서 손과 치마 꼬리에 매어달리며 어찌나 반가와서 날뛰는지 눈물이 자꾸만 쏟아지는 것을 간신히 참았어요.

더구나 계집아이들은 거의 십리나 되는 산길을 날마다 두번씩이
나 나와서 자동차 오기를 까맣게 기다리다가 「우리 선생님 아주 도
당갔다」고 훌쩍훌쩍 울면서 돌아 가기를 사흘동안이나 하였다고 합
니다.

이 세상에서 어느 누가 그다지도 안타까이 저를 기다려 줄 사람이
있겠읍니까. 이 변변치 못한 채 영신이를 그다지도 따듯이 품어 줄
고장이 이 세계의 어느 구석에 있겠읍니까.

나의 경애하는 동혁씨!

이번 길에 저는 고향 하나를 더 얻었어요. 한곡리는 저의 제 삼의
고향이 되고 말았어요.

저와 한평생 고락을 같이하기로 굳게굳게 맹세해 주신 당신이 계
시그 씩씩한 조선의 일군들이 있고 친형과 같이 친절히 굴어주는 건
배씨의 부인과 동네의 아낙네들이 살고 있는 곳이 어째서 저의 고향
이 아니겠읍니까?

저는 새로 얻어서 첫정이 든 고향을 꿈에라도 잊지를 못하겠읍니
다. 그리고 저의 가슴에 피를 끓이던 그 애향가의 합창을……

나의 가장 경애하는 동혁씨!

저는 행복합니다.

인제는 외롭지 않습니다. 큰덕미 나루터의 커다란 바윗덩이와 같
이 변함이 없으실 당신의 사랑을 얻고, 우리의 발길이 뻗치는 곳마
다 네째 다섯째 고향이 생길 터이니 당신의 곁에 앉았을 때 만큼이
나 제 마음이 든든합니다. 저의 가슴은 오직 하나님께 대한 감사와
기쁨으로 충만합니다. 그러나 그와 동시에 이 몸의 책임이 더 한층
무거워진 것을 깨닫습니다.

청석골의 문화적 개척 사업을 나 혼자 도맡은 것만 하여도 이미
허리가 휘도록 짐이 무거운데 우리의 사랑을 완성할 때까지 불과 삼
년 동안에 그 기초를 완전히 닦아 놓자면 그 앞길이 창창한 것 같습
니다.

양식 떨어진 사람이 보렷고개를 넘기는 것 만큼이나 까마득한 것
같습니다.

그러나 저는 그런 생각이 들 때마다 「우리들은 가난하고 힘은 아직 약하나, 송백처럼 청청하고 바위처럼 버티네」하고 애향가의 둘째 절을 부르겠어요!

나에게 다만 한 분이신 동혁씨!

그러면 부디부디 건강히 일 많이 하여 주십시오.

그동안 밀린 일이 많고 야학시간이 되기도 전에 아이들이 몰려와서 오늘은 더 길게 쓰지 못하니 이 편지보다 몇 곱절 긴 답장을 주십시오.

다른 회원들에게 안부 전해 주시고 건배씨 내외분에게도 틈나는 대로 따로 쓰겠읍니다.

　　　　　　　×월　×일

　　　　　　　당신께도 하나뿐인　채 영신 올림

〈註〉: 심훈이 지은 「상록수」중에서 나오는 편지로써 여주인공 채 영신이가 농촌 계몽운동의 동지이며 장래를 약속한 사랑하는 님에게 투철한 계몽정신과 사랑의 위대함을 전하는 사연이다.

이 내용은 동지이며 애인인 남주인공 박 동혁의 마을인 한 곡리로 영신이가 자기의 혼사문제 겸 정양과 현지 근황을 살피기 위한 다목적 (多目的)여행의 성격을 띤 일주일간의 치재였으나 역시 결혼 관계의 장래문제 상의가 주 목적이었다. 여기서 영신은 동혁이와 애타는 사랑의 전초선을 전개, 합치점을 서로 찾게되어 삼년 뒤로 정식 부부가 될 것을 굳게 약속하고 그때 까지 각각 「청석골」과 「한곡리」서 농촌 운동에 전력을 다하기로 다짐하고 영신은 성공리 (?)에 귀임하게 된다. 영신이가 「청석골」에 도착해서 제 고장의 소식과 아울러 그립고 그러던 동혁에게 장문의 첫 연문 (戀文)을 띄우면서 상록수의 고난과 극복의 사연을 II의 동혁이 편지처럼 펼쳐 나가게 된다.

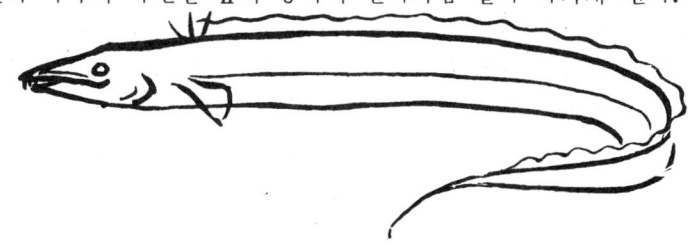

Ⅱ

영신씨!

무사히 퇴원하신 것을 두 손을 들어 축하합니다. 즉시 뛰어가서 완쾌하신 얼굴을 대하고는 싶지만 지금 내가 떠나면 동네 일이 또 엉망으로 얽힐 것 같아서 험악한 형세가 가라앉기를 기다리는 중이니 섭섭히 아셔도 할 수 없는 일이외다.

유학을 가신다구요?

내가 반대를 하더라도 기어이 고집하고 떠나 가실 줄은 알지만 신학교로 가신다니 신앙이 학문이 아닌 것은 농학사나 농학박사라야만 농사를 잘 지을 줄 아는 거와 마찬가지가 아닐는지요. 하여간 건강 상태로 보아 당분간 자리를 떠나서 정양할 기회를 얻는 것은 나도 찬성할 것이지만……

우리가 약속한 삼개년 계획은 벌써 내년이면 마지막 해가 됩니다. 그런데 또 앞으로 몇해를 은행나무처럼 멀어져 있게 될 모양이니 실로 앞길이 창창하고 아득하외다.

영신씨!

우리의 청춘은 동아줄로 칭칭 얽어서 어디가나 붙들어 맨 줄 압니까? 우리의 일이란 관 뚜껑을 덮을 때까지 끝나는 날이 없을 것이니 사업을 다 하고야 결혼을 하려면, 백살 천살을 살아도 노총각의 서글픈 신세는 면하지 못하겠군요.

조선안의 그 숱한 색시들 중에 「채 영신」석자만 쳐다보고 눈을 꿈벅꿈벅하고 기다리는 나 자신이 못나기도 하고 어찌 생각하면 불쌍하기도 합니다. 그렇다고 결코 동정해 주기를 바라는 것은 아니나 하루바삐 우리 둘의 생활을 같이하고 힘을 한데 모아서 서로 용기를 도와가며 일을 하게 되기를 매우 조급히 기다리고 있소이다.

며칠 틈만 얻게 되면 또 한 삼백 리 마라손을 하지요. 부디부디 목을 쓰게 되었다고 무리한 일은 하지 마십시오!

그것만이 부탁이외다.

당신의 영원한 보호 병정

제 5 장 연 시

연 시 (戀詩)

〈국내〉

연시 (戀詩) 를 읊기 전에

우리가 삶을 이어가는데 있어서 즐거움과 괴로움은 항상 그림자 처럼 따라다니고 있다. 괴로울 때는 괴로운 심정을 따라야 할 것이며, 즐거울 때는 즐거움을 함께 나눠야 할 것인 즉, 이런 그대의 고뇌에 찬 얼굴을 읽은 동반자가 있으니 이름해여 연시 (戀詩) 라 한다.

단 한 마디로 흉중에 쌓인 설움을 풀어주는가 하면, 서릿발 칼날을 두동강이 내어 버리는 시귀 (詩句) 들임에, 담박 그대들의 구미에 당겨질 것이니 그대들의 지혜를 겸허한 마음으로 동원해야 하리라.

여기에 실린 연시 중엔 구구절절 조국과 민족을 위한 고고 (孤高) 한 정신이 깃들어져 있으며 아울러 「펜은 칼보다 강하다」는 지성인들의 저항 (抵抗) 의 발자취가 역력히 투영되어 있기도 하다.

한편으론 허무한 인생이 한 줌의 흙으로 변할 때까지 어느 누구나 겪어야만 했고 간직해야만 했으며 또 키워나가야만 하는 애틋한 사랑의 노래가 그대들의 심금을 울려주고 연모의 정을 더하게 해 줄 것이다. 비록 님은 가셨지만 거성들의 절절한 호소와 숭고한 얼을 되새겨 연시를 읊는 그대들의 살붙이가 되게끔 해야겠다.

그래서 그리워하는 님에게 곱고 아름다운 마음을 한껏 살찌게 해주고 그대들 또한 풍성한 열매를 맺어 하늘을 우러러 부끄럼 없는 연인들이 돼 봄직 하잖을까.

님의 침묵
—한 용 운—

님은 갔읍니다. 아아 사랑하는 나의 님은 갔읍니다.

푸른 산빛을 깨치고 단풍나무 숲을 향하여 난 적은 길을 걸어서 차마 떨치고 갔읍니다.

황금의 꽃같이 굳고 빛나던 옛 맹세는 차디찬 티끌이 되어서 한숨의 미풍에 날아 갔읍니다.

날카로운 첫 「키스」의 추억은 나의 운명의 지침을 돌려 놓고 뒷걸음쳐서 사라졌읍니다.

나는 향기로운 님의 말 소리에 귀먹고 꽃다운 님의 얼굴에 눈멀었읍니다.

사랑도 사람의 일이라 만날 때에 미리 떠날 것을 염려하고 경계하지 아니한 것은 아니지만, 이별은 뜻밖에 일이 되고 놀란 가슴은 새로운 슬픔에 터집니다.

그러나 이별은 쓸데 없는 눈물의 원천을 만들고마는 것은 스스로 사랑을 깨치는 것인 줄 아는 까닭에, 걷잡을 수 없는 슬픔의 힘을 옮겨서 새 희망의 정수박이에 들어 부었읍니다.

우리는 만날 때에 떠날 것을 염려하는 것과 같이, 떠날 때에 다시 만날 것을 믿습니다.

아아 님은 갔지마는 나는 님을 보내지 아니 하였읍니다.

제 곡조를 못이기는 사랑의 노래는 님의 침묵을 휩싸고 돕니다.

〈註〉:……「님의 침묵」은 승려 시인이며 삼일운동 시절 33인중의 1인인 한 용운의 대표작으로 평가되는 시 (詩)인데 님에 대한 그리움을 국가적인 차원 (次元)에서 조국의 비운을 심려하여 묘사한 듯싶다. 고요롭고 명상적인 시풍이 지배적인 이 내용을 순수한 자연인과의 관계에서 감상해 본다면 사랑, 이별, 회춘, 신앙 등을 전제하 청춘 남녀의 애정을 시화 (詩化)시킨 것으로 볼 수 있다.

자연에 몰입하여 깊은 관조에서 오는 신비성을, 이별에서 오는 애틋한 그리움을 시사하고 있다. 특히, 사랑하는 님은 떠났지만 그 떠난 님의 고결한 목소리는 영원히 귓전에 맴돌아 그 정감(情感)을 더해 주고 있다. 한편 님의 침묵중 심오한 매력을 갖게 해 주는 한 구절(句節)은 『우리는 만날 때에 떠날 것을 염려하는 것과 같이, 떠날 때에 다시 만날 것을 믿습니다.』란 것인데 이는 일상생활의 애정적인 일을 반드시 성사시켜야 한다는 것 보다도 사랑은 헤어지면서부터 참된 사랑이었는가 하는 것을 되돌아 보고, 참회하면서 떠난 님을 참된 사랑의 눈동자로 영원히 주시하겠다는 의미인 것이다.

진정코 진실된 여성의 애정을 종교적, 불교인답게 철학적으로 전개한 시일 성싶다.

초 혼

―김 소 월―

산산히 부서진 이름이어!
허공 중에 헤어진 이름이어!
불러도 주인 없는 이름이어!
부르다가 내가 죽을 이름이어!

심중에 남아 있는 말 한 마디는
끝끝내 마저하지 못하였구나.
사랑하던 그 사람이어!
사랑하던 그 사람이어!

붉은 해는 서산 마루에 걸리었다.
사슴의 무리도 슬피 운다.
떨어져 나가 앉은 산 위에서
나는 그대의 이름을 부르노라.

설움에 겹도록 부르노라.
설움에 겹도록 부르노라.
부르는 소리는 비껴가지만
하늘과 땅 사이가 너무 넓구나

선 채로 이 자리에 돌이 되어도
부르다가 내가 죽을 이름이어!
사랑하던 그 사람이어!
사랑하던 그 사람이어!

〈註〉: ……이 시는 진달래꽃 다음가는 김 소월의 대표작이다. 소월은 「개벽」이란 잡지에 「진달래꽃」을 발표하면서 문단에 데뷔한 천부(天賦)의 시인이다.

그의 시상은 젊음의 한과 꿈, 헤일 길 없는 연민의 심정을 달래지 못하면서 티없이 맑고 깨끗한 감정을 그의 민요적인 정제된 형식에 부드럽고 애련하게 담아서 완벽에 가까운 서정시를 썼다.
「초혼」은 죽어가는 애인의 곁에서 죽음이란 필연성 앞에 허무와 좌절감을 심장이 터져라 불러본 소월의 개성이 가장 잘 반영된 작품이다.

그 첫째 연에서 『산산히 부서진 이름이어 !』는 지난 과거의 자기가 대단히 사랑했던 그 님의 죽음 앞에서 한 마디로 죽음을 슬퍼 하는 단적인 표현이다. 세상에서 죽음 앞에, 그것도 사랑하는 애인의 죽음 앞에서 이 시를 읊어보는 독자들은 무슨 말로 함축성 있게 답을 할 수 있을른지……

역시 소월 같은 천재적 시인이 아니면 이만한 문맥을 찾아내지 못할 것이다.

둘째 연의 『끝끝내 마저하지 못하였구나』에서 「마저하지」라는 한 낱말은 최후의 하나까지 마음에 남아 있는 말을 못했다는 뜻이다. 사랑을 했기에 사랑하는 그 사람 앞에 벙어리가 되어, 사랑했다는 말을 죽음 직전까지 못하는 처절한 마음을 엿볼 수 있다.

네째 연의 『하늘과 땅 사이가 너무 넓구나』는 가버린 님과 자기 사이는 거리가 너무 멀고 죽음과 삶의 거리 또한 너무나 판이한 극과 극을 뜻해 준다. 거리감을 하늘과 땅에 비교하는 상징적 표현이며,

끝 연에서 『사랑하던 그 사람이어 !』의 마지막 말은 육(肉)과 심(心)이 없어질 듯한 절실한 호소이다.

따라서 「초혼」이란 시의 감상을 한 마디로—죽어간 애인을 목메여 부르는 심경—이라고 말할 수 있다.

나의 침실로

—이 상 화—

「마돈나」 지금은 밤도 모든 모꼬지에 다니노라, 피곤하야 돌아가련
도다.
아 너도 먼동이 트기 전으로 수밀도의 네가슴에 이슬이 맺도록 달
려 오너라.
「마돈나」 오려므나 비 집에서 눈으로 유전하던 진주는 다 두고 몸
만 오너라.
빨리 가자 우리는 밝음이 오면 어딘지 모르게 숨는 두 별이어라.
「마돈나」 구석지고도 어둔 마음의 거리에서 나는 두려워 떨며 기다
리노라.
아 어느덧 첫닭이 울고—뭇 개가 짖도다, 나의 아씨여 너도 듣느냐.
「마돈나」 지난 밤이 새도록 내 손수 닦아 둔 침실로 가자 침실로!
낡은 달은 빠지려는데 내 귀가 듣는 발자국— 오 너의 것이냐?
「마돈나」 짧은 심지를 더우잡고 눈물도 없이 하소연만 하는 내 마음
의 촛불을 봐라.
양털 같은 바람결에드 질식이 되어 얄푸른 연기로 꺼지려는도다.
「마돈나」 오너라 가자 앞산 그르매가 도깨비처럼 발도 없이 이곳
가까이 오도다.
아 행여나 누가 볼는지—가슴이 뛰누나 나의 아씨여 너를 부른다.
「마돈나」 날이 새련다 빨리 오려므나 사원의 쇠북이 우리를 비웃기
전에,
네 손이 내 목을 안아라 우리도 이 밤과 같이 오랜 나라로 가고말자.
「마돈나」 뉘우침과 두려움이 외나무다리 건너 있는 내 침실 열 이
도 없느니 !
아 바람이 불도다 그와 같이 가볍게 오려므나 나의 아씨여 네가 오
느냐?
「마돈나」 가엾어라 나는 미치고 말았는가 없는 소리를 내 귀에 들음
은—

내 몸에 피란 피—가슴의 샘이 말라 버린듯 마음과 몸이 타려는도다.
「마돈나」언젠들 안 갈 수 있으랴 갈 테면 우리가 가자 끄을려 가지
말고!
너는 내 말을 믿는「마리아」—내 침실이 부활의 동굴임을 네가 알려
만……
「마돈나」밤이 주는 꿈 우리가 얽는 꿈 사람이 안고 궁그는 목숨의
꿈이 다르지 않느니,
　　아 어린애 가슴처럼 세월 모르는 나의 침실로 가자 아름답고 오랜
　　거기로.
　　「마돈나」별들의 웃음도 흐려지고 하고 어둔 밤 물결도 잦아지려
　　는도다,
　　아 안개가 사라지기 전에는 네가 와야지 나의 아씨여 너를 부른다.
　　〈註〉:……이 상화의「나의 침실로」는 이미 십팔 세 때 그의 대표
작이라고 일컬음을 받았다.
　　그는 백조파의 시인(詩人)중의 대표적인 존재로서 그 당시　백조
파가 풍긴 낭만적 풍조와 애상적 기풍과 상징적인 수법을　그대로
호흡하면서 심미적인 경향의 미묘한 매력을 시에 옮겼다.
　　이 시는「마돈나」라는 가공적 인물을 놓고 사랑의 한 밤을 열애적
으로 보내는 것을 청춘 남녀의 애정에 비유하여 쓴 것이다.
　　이「나의 침실로」의 시를 소설에 잘 이용한 모 소설가가　있는데
제 삼연의「마돈나 구석 지고도 어둔 마음의 거리에서 나는 두려워
떨며 기다리노라.」라는 구절이 바로 그것이다.
　　소설의 구절 이용을 잠깐 볼 것 같으면 전쟁의 어려움　속에서도
진실한 사랑을 맺기 위하여 온갖 고난을 무릅쓰고 살았다.　그러나
인간에는 늘 불행의 그림자가 따라다니 듯이 소설의　주인공에게도
예외는 아닌듯 여주인공이 전쟁 속에서 죽었다. 그 여자의 죽음으로
주인공인 남자가 실신하여 제 삼연의 시귀를 읊으며 죽은 연인을 애
타게 그리워 한다. 이 시의 심중이 바로 전쟁 속에 죽은 그 여인을
기다리는 남자 주인공의 마음일 것이다.

내 마음을 아실 이

―김 영 랑―

내 마음을 아실 이
내 혼자 마음 날같이 아실 이
그래도 어디나 계실 것이면

내 마음에 때때로 어리우는 티끌과
속임 없는 눈물의 간곡한 방울방울
푸른 밤 고이 맺는 이슬 같은 보람을
보낸듯 감추었다 내어드리지

아! 그립다
내 혼자 마음 날같이 아실 이
꿈에나 아득히 보이는가

향맑은 옥돌에 불이 달아
사랑은 타기도 하―오련만
불빛에 연긴듯 희미한 마음은
사랑도 모르리 내 혼자 마음은

〈註〉: ……김 영랑의 「내 마음 아실 이」는 소녀의 순진함을 보여
주듯 하는 여성적 입장에서의 묘사로써 그만이 가질 수 있는 시성
(詩性)의 세계이다.

너무나 여성적인 이 시를 음미해 본다면 떠나가버린 님을 못잊어
하며 기다리는 애끓는 애환을 노래한 것이다. 여기서 떠나간 님을
원망하는 것이 아니라 행방은 알 길조차 없으나마 강한 믿음으로써
더욱 그를 사랑하겠다는 믿음에의 의지를 브인 시라고 볼 수 있다.
단념하는 것을 초월하여 실날 같은 희망, 브람이나마 마음 속 깊이
간직하여 한없이 기다리겠다는 아름다운 마음씨가 그야말로 타인의
추종을 불허하는 동양적인 현대시인으로 칭송되고 남으리라.

미당(未堂) 선생은 「아직까지 한 개의 문학상, 정치상의 주의나
사조에서, 또는 천재적 기적으로 밖에는 시를 쓸 줄 모르던 이 나라
의 시단에 한 개의 시귀(詩句) 표현도의 아름다운 결과」를 토착시킨
시인이라고 평한 바 있다. 아뭏든 영랑의 시는 유미적 문학관에 입
각한 서정시이며 그의 성격 또한 티없이 맑고 순진(?)한 것만은 사
실일 듯하다.

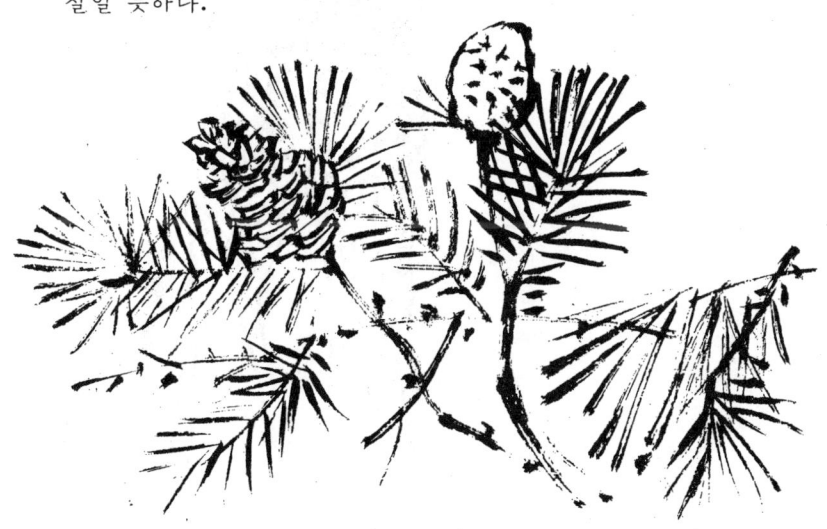

낙 화

--조 지 훈-

꽃이 지기로소니
바람을 탓하랴

주렴 밖에 성긴 별이
하나 둘 스러지고

귀촉도 울음 뒤에
머언 산이 다가서다.

촛불을 꺼야 하리
꽃이 지는데

꽃지는 그림자
뜰에 어리어

하이얀 미닫이가
우련 붉어라.

묻혀서 사는 이의
고운 마음을

아는 이 있을까
저허 하노니

꽃이 지는 아침은
울고 싶어라.

〈註〉：……지은이「조 지훈」. 그의 시풍은 고전적인 의상을 걸치면서도 자연과 민족적인 염원을 담은 섬세한 기교로 균형과 조화의 미를 추구하였다.

낙화에서는 제 오연에「꽃지는 그림자 뜰에 어리어」의 섬세한 표현을 단 두 줄로써 표시하였지만 우리가 한 폭의 동양화 앞에 선 것 같은 기분이 들며, 끝에 연의「꽃이 지는 아침은 울고 싶어라」에서 이 시의 주제적인 감정이 넘쳐 흐르고 있음을 알 수 있다. 전체적으로「낙화」는 동양적인 애상 (哀傷) 을 그린 은둔생활의 전형적인 서정시다.

212

논 개
—변 영 호—

거룩한 분노는
종교보다도 깊고
불붙는 정열은
사랑보다도 강하다.
아, 강낭콩 꽃보다도 더 푸른
그 물결 위에
양귀비 꽃보다도 더 붉은
그 마음 흘러라.

아리땁던 그 아미
높게 흔들리우며
그 석류 속 같은 입술
「죽음」을 입맞추었네!
아, 강낭콩 꽃보다도 더 푸른
그 물결 위에
양귀비 꽃보다도 더 붉은
그 마음 흘러라.

흐르는 강물은
길이길이 푸르리니
그대의 꽃다운 혼
어이 아니 붉으랴
아, 강낭콩 꽃보다도 더 푸른
그 물결 위에
양귀비 꽃보다도 더 붉은
그 마음 흘러라.

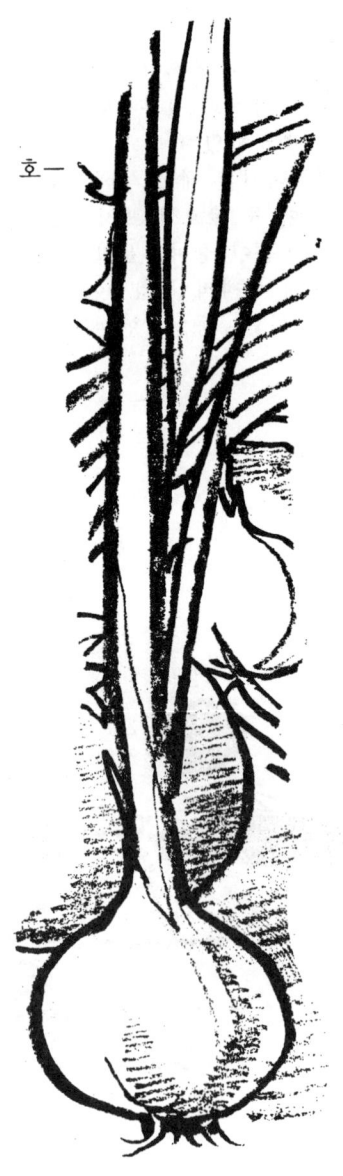

〈註〉:……「변영노」. 그의 시는 〈정신계의 생명은 영원히 사다〉는 정신지상주의적 입장에서, 영과 육의 대응과 색감의 복잡한 배열, 오묘한 리듬 등, 치밀한 언어의 완벽성을 주장했다.

　한국 현대시의 초창기 선구자로서, 번쩍이는 기지와 수사의 뛰어남은 절대적인 것이다.

　특히 시에서 민족의식을 세련된 기법으로 시화시켰으며 「논개」는 그의 대표작이다.

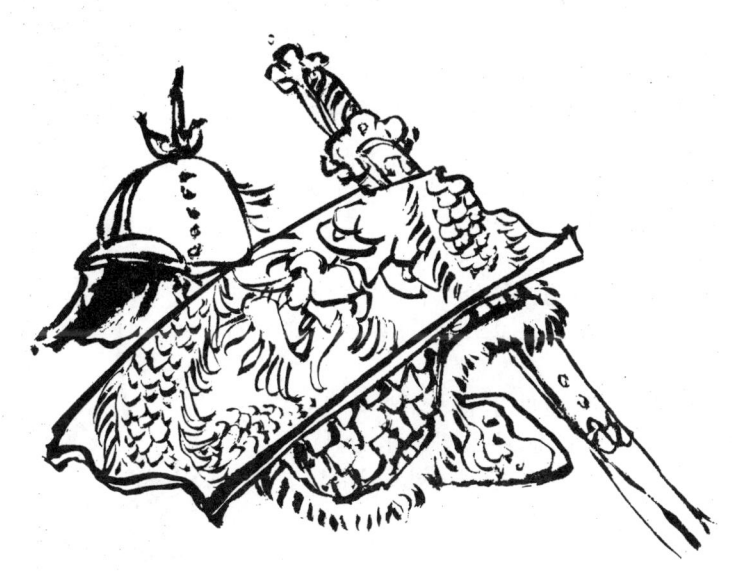

214

내 연인이여 가까이 오렴
—오 일 도—

내 연인이여! 좀 가까이 오렴
지금 애수의 가을도, 이미 깊었나니.

검은 밤 무너진 옛성 너머로
우수수 북성 바람이 우리를 덮어 온다.

나비 날개처럼 앙상한 네 적삼
얼마나 차냐? 왜 떠느냐? 오오 애무서워라.

내 여인이여! 좀더 가까이 오렴
지금은 조락의 가을, 때는 우리를 기다리지 않느니

한 여름 영화를 자랑하던 나뭇잎도
어느덧 낙엽이 되어 저—설뚝 밑에 홀쩍거린다.

잎사귀 같은 우리 인생 한 번 바람이 흩어가면
어느 강산 언제 만나리오.

좀 더 가까이 오렴, 좀 더 가까이 오렴
한 발자취 그대를 두고도 내 마음 먼듯해 미치겠노라.

전신의 피란 피 열화같이 가슴에 올라
오오 이 밤 새기 전 나는 타고야 말리니
깜—한 네 눈이 무엇을 생각하느냐

좀 더 가까이 오렴
오늘 밤엔 이상하게도 마을 개 하나 짖들 않는다.

어두운 이 성뚝 길을 행여나 누가 걸어 오랴
성 위에 한없이 짙어가는 밤—이 한밤은 오직 우리 전유(專有) 이
오니.

네 팔이 내 목을 안아라, 우리는 두 청춘, 청춘아! 제발 길어다
오.

〈註〉: ……「오 일도」. 그의 시는 많이 알려져 있지 않으나, 서정
적인 것을 바탕으로 하여 시 〈눈이여, 어서 내려다오〉와 같은 가작
(佳作)을 내놓았다.
　그의 시풍은 허허로운 벌판에 한 잎의 낙엽과 같은 것을 테에마로
한 청춘과 시대의 병폐와 어둡고 애수에 ˙가득찬 울적함을 고독의 그
릇에 담아서 서정화 시키고 있다.

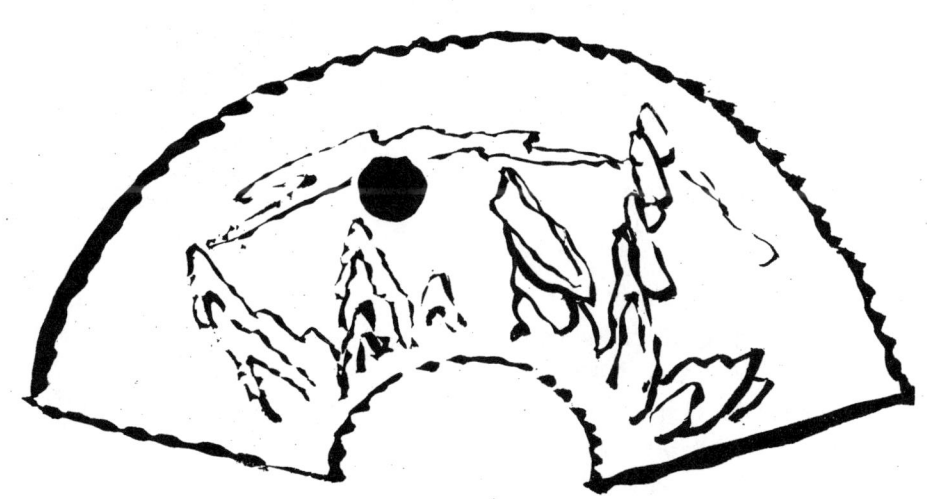

첫 날 밤

―오 상 순―

어어 밤은 깊어
화촉동방의 촛불은 꺼졌다
허영의 의상은 그림자마저 사라지고……

그 청춘의 알몸이
깊은 어두움 바다 속에서
어족인 양 노니는데
홀연 그윽이 들리는 소리 있어

아야……야!

태초 생명의 비밀 터지는 소리
한 생명 무궁한 생명으로 통하는 소리
열반의 문 열리는 소리
오오 구원의 성모 현빈(玄牝)이여!

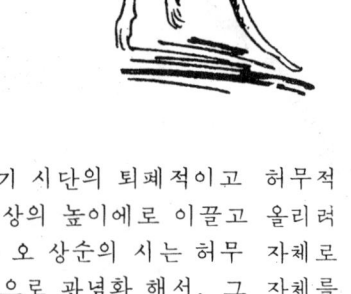

머언 하늘의 뭇 성좌는
이 밤을 위하여 새로 빛날진저!

밤은 새벽을 배고
침침히 깊어간다.

〈註〉: ……「오 상순」. 그의 시는 초기 시단의 퇴폐적이고 허무적인 사조에 젖어, 그 사조를 하나의 사상의 높이에로 이끌고 올리려는 끈질긴 작업의 계속이었다. 그러나 오 상순의 시는 허무 자체로 탐닉해 들어가기보다는 허무를 일차적으로 관념화 해서, 그 자체를 의지화 하려는 끈질긴 노력의 결정체였다.
그의 작품은 불교적인 색체가 농후하다.

석양은 꺼진다

—황 석 우—

젊은 신혼의 부부의 지저귀는 방의
창엔 불 그림자가 꺼지듯이 석양은 꺼진다.
석양은 꺼진다.

애인아 밤 안으로 흠뻑 웃어다고.
나의 질색한 처녀의 살갗은 깨끗한 마음을 펼쳐서
네 눈이 부시게 되도록 너를 뵈이마,
내 마음에는 지금 받은 황혼에 맥풀린 힘 없는
애통한 접문 (接吻) 의 자욱이 있을 뿐이다.

애인아, 밤 안으로 흠뻑 웃어다고.
나의 연한 마음을 펼쳐
가을의 향기로운 석월 (夕月) 을 싸듯이
너의 부대끼고 고적한 혼을 싸 주마.

애인아, 밤 안으로 흠뻑 웃어다고.
너의 웃음 안에 적은 막을 치고
지구의 끝에서 기어오는 앙징한 「새벽」이
우리의 혼 앞에 돌아올 때까지
너와 이야기하면서 꿀을 빨듯이 자려한다.

애인아, 밤 안으로 흠뻑 웃어다고.
너의 그 미소는 처음 사랑의
뜨거운 황홀에 턱 괴인
소녀의 살적가를 춤추어 지내는
봄 처녀의 애교 많은 바람 같고,

또 너의 그 미소는
나의 울음 개인 마음에 수논 작은 무지개 같다.

애인아, 밤 안으로 흠뻑 웃어다고.
나의 가장 새로운 황금의 예지의 펜으로
너의 영롱한 웃음을 찍어,
나의 눈보담 더 흰 다음 위에
황혼의 키스를 서언(序言)으로 하여,
아아 그 애통한 키스의 수선안에
너의 얼굴을
너의 기인 생애를
단홍으로, 염색으로, 벽공색으로
너의 가장 즐기는 빛으로 그려 주마.

애인아 밤안으로 흠뻑 웃어다고.
내 마음이 취해 넘어지도록
너의 장미의 향기 같고
처녀의 살 향기와 같은 속힘 있는
웃음을 켜려 한다.
애인아, 웃어라, 석양은 꺼진다.

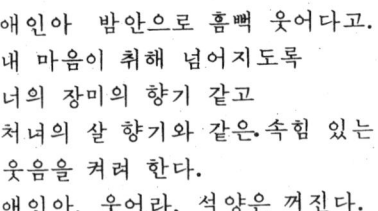

애인아, 밤 안으로 흠뻑 웃어다고.
네 웃음이 내 마음을 덮는 한 아지랑이일진대,
네 웃음이 내 마음의 앞에 드리우는 한 꽃밭일진댄,
나는 그 안에서 내 마음의 고운 화장을 하마.

네 웃음이 어느 나라에 길 떠나는 한 바람일진댄, 구름일진댄,
나는 내 혼을 그 위에 가벼웁게 태우마.
네 웃음이 내 생명의 상처를 씻는 무슨 액(液)일진댄,
나는 네 웃음이 그 끊는 감과(坩堝)에 뛰어들마.

네 웃음이 어느 세계의 암시, 그 생활의 한 곡목의 설명일진댄,
나는 나의 귀의 굳은 못을 빼고 들으마.
네 웃음이 나에게만 열어 뵈이는
너의 비애의 비밀한 화폭일진댄,
나는 내 마음이 홍수가 되도록 울어주마.
애인아 웃어라. 석양은 꺼진다.

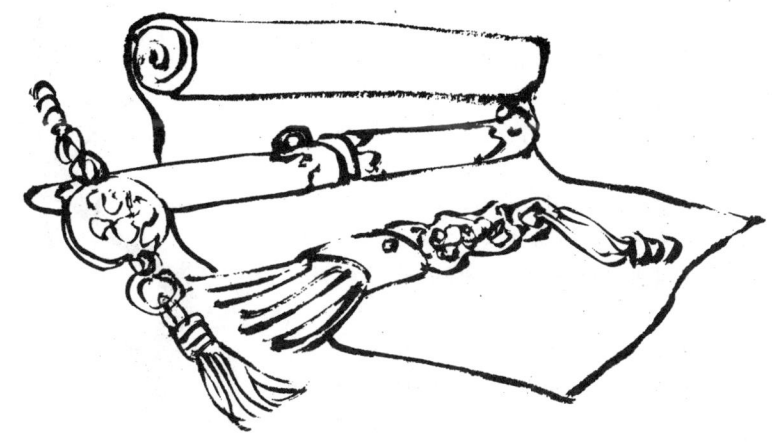

〈註〉:……황 석우는 一九二〇년 「폐허」의 동인이다. 그는 一九二
一년 한국 최초의 시동인지 (註同人誌) 「장미촌」을 주재했는가 하면,
그 뒤 一九二九년에는 순수시지 「朝鮮詩壇」을, 또한 一九二〇년대 초
기에는 한국 최초의 시낭독회를 주재하기도 했다. 그는 한때 나라
없는 설움을 안고 무정부주의자로 사상운동을 했으며, 초기에 상아
탑(아호)은 一九세기 서구 (西歐)의 상징주의 ㅅ풍(詩風)에 영향을
받은 선구자이기도 하다.

그러나 그의 시 (詩)는 자연주의적 이상생의 (理想生義)적인 색체가
잠재해 있기도 하고, 어떤 면에서는 허무주의적이고 퇴폐주의적인
색체가 짙어서, 창조지와 폐허지의 두 경향을 한 몸에 지녔다고도
할 수 있다.

고　별

—노　천　명—

어제 나에게 찬사와 꽃다발을 던지고
우뢰 같은 박수를 보내 주던 인사들
오늘·은 멸시의 눈초리로 혹은 무심히
내 앞을 지나쳐 버린다

청춘을 바친 이 땅
오늘 내 머리에는 용수가 씌워졌다.

고도에라도 좋으니 차라리 머언 곳으로
나를 보내다오
뱃사공·은 나와 방언이 달라도 좋다.

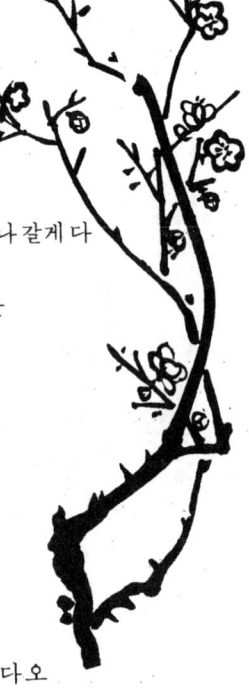

내가 떠나면
정든 책상은 고물상이 업어갈 것이고
아끼던 책들은 천덕군이가 되어 장터로 나갈게다

나와 친하던 이들 또 나를 시기하던 이들
잔을 들어라 그다들과 나 사이에
마지막인 작별의 잔을 높이 들자

우성이라는 것 또 신의라는 것
이것·은 다 어디 있는 것이냐
생쥐에게나 뜯어 먹게 던져 주어라

온갖 화근이었던 이름 석자를
갈기갈기 찢어서 바다에 던져 버리련다
나를 어디 멸어진 섬으로 멀리멀리 보내다오

눈물어린 얼굴을 돌이키고
나는 이 곳을 떠나련다
개 짖는 마을들아
닭이 새벽을 알리는 촌가(村家)들아
잘있거라

별이 있고
하늘이 보이고
거기 자유가 닫혀지지 않는 곳이라면

〈註〉: ……「노 천명」. 천명을 보고 어떤 시인은 말하기를 『천명에게 온 것은 흐르는 눈물이 아니고 잦아드는 눈물이었다. 그러므로 천명은 정서를 범람시키지 않았다.

어디로 셀까봐 둑을 쌓으면서 구멍이 있을까 걱정하며 또 막았고, 이런 소극성은 천명의 꿈에 절제를 주었다.

이 절제에서 오는 우아까지도 마치 슬픔의 집에 깔린 연한 비단결 같아서 때로는 그 무늬를 찢었으나 천명의 자유는 그렇지못하였다.』고 하였다. 이같은 천명의 절제는 시에서만 그친 것이 아니라 생활과 그 생애에서도 일관되었다.

현실과 타협치 못한 그는 고독과 자학의 그늘에서 시작(詩作)에만 정진하여 여성적 히스테릭한 감각과 티없이 깨끗하고 부드러운 회고적 정서로 소박한 「나」를, 때로는 현실의 냉시를, 때로는 옥중의 고뇌를, 때로는 인정의 연민을 노래하기도 하였다.

222

〈국외〉

◉ 오 가슴이여!

오, 얼어 붙은 피여,
타오르는 피여.
천년을 되풀이 하는 어리석음.
소난(騷亂)과 죄악.
지상에서 얻을 것이 무엇이었더뇨.
모든 것일랑 그대로 가게 하라.
영팡도 승리도 그 모든 것도 그대로 가게 하라.
지고(至高)한 것은 오직 사랑 뿐이다.

—부라우닝—

추　억

이윽고 추억으로 바뀔
이 순간이란 무얼까
먼동과 사랑과 환희의 나날
그 사랑의 것이기에—.
빛도 무늬도 확실치 않은
광기어린 음악,
마침내 사라질
이 음악은 무얼까

순간이여 남으라, 추억이 되어라
추억이 되어 넌 남아 있으니,
다함없는 화살이 죽음을 쫓는

추억이 되어라, 멀리 내 곁에—
가버리고 가버리는 순간이기 보다
오, 그건 추억 속의 영원

먼 옛날 가버린 순간의
끝없는 추억
죽음의 혼백인 영원

순간이여 가버려라—아아
나는 있노라
순간은 지금 사라지고,
너는 무엇이뇨.

　　　　　　　　—J. R. 히미네스

편   지

몰아치는 사나운 저녁 바람에
몸을 내젓는 보리수
그 나무 사이를 비추이는 달빛이
내 방을 밝게 해주네.

무정하게 떠난 그대
그대에게 기나긴 편지를 쓰면
달 그림자 종이 위에 스며드네.

내가 쓴 글자 위를 비쳐가며
흐르는 달빛이여! 소리 없는 달빛이여!
내 마음 고요히 흐느껴 울다가
잊었구려, 달과 밤에 하는 기도와, 그리고 잠마저도.
　　　　　　　　　—헤르만 헷세

당신 곁에

하던 일 뒤로 미루고
잠시 당신 곁에 앉고 싶소이다.

잠깐만이라도 당신을 못보면
마음에는 안식도 무엇도 없으니
고뇌의 바다 위에서
내 하는 일
모두 다 끝없는 번민으로 변하고 만다오.

불만스런 여름한 나절은 한숨지며
오늘 창가에 와 있소이다.
꽃핀 나뭇가지 사이 사이에서
꿀벌들이 노래를 부르고 있소이다.

임이여 어서 당신과 마주앉아
생명을 바칠 노래를 부르자오.
침묵에 가득한
이 고요로운 시간 속에서.

—타고르

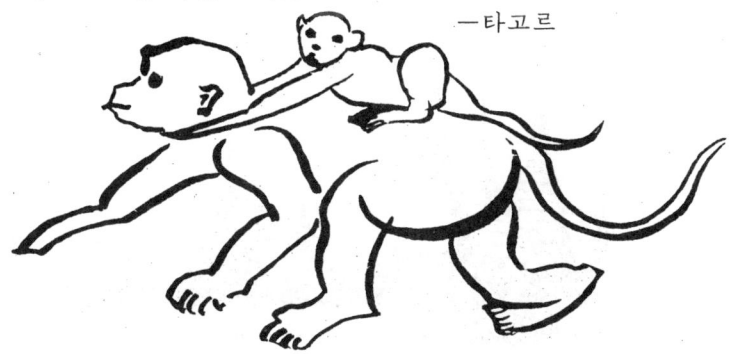

226

헤어지고……

헤어지고 싶잖아요.
햇님이 보지않았다면 몰라요.
거짓말 밝히는 것을
햇님이 싫다고 하신다면
그땐 헤어져도 좋아요.

헤어지고 싶잖아요.
여름밤 하늘에 빛나는 별들이
수많은 눈을 빛내며 우리들을
높은 곳에서 지켜보고 있지요.
헤어지는 것은 싫어요.

헤어지고 싶잖아요.
서서히 떠올랐다가 급히 갈앉는 것과
바람둥이 달님에게 이런저런
고충을 말한 우리들인데
어떻게 헤어질 수 있나요?

— R. 브리지스

마음의 노래

불꽃으로 나를 태우는 듯한 사랑이
그대의 영혼 속에서
꽃 필 때,
오늘 당신을 기다리는
기쁨의 기대.
그대를, 그대를 기다리는
기쁨의 기대.

하늘은 넓고
지상은 고요롭다.
나의 영혼 깊이는
조용하고, 조용하리니.
나를 태우는 불만이
그대를 찾아 심연에서 오르리라.

그리고
그대는 오리.
뜨거운 화염은
그대의 손 속에서
꽃이 되리니.
나의 잊을 수 없는 봄이 되리라.
그때 그대는 속삭인다.
―당신을 사랑하고 있노라고.

―R. 라겔크비스트

입 맞 춤

분별도 심정도 기억도 죽이고
나는 한결같이 너에게 뜨거운 입맞춤을 한다.
그앞에 나서면 벙어리가 되고
정열을 갖추어야만 했던 여자,
불을 쓰지 않고도 나를 불태우고
조소하며 오래오래 나를 괴롭힌 여자.
내 사랑의 방패로도 되었을 것을
죽어 십자의 묘비아래 잠든 여자,
지금에야 연인이여, 그들 여자를 위해 내 마음 속에서
타고 있던 모든 것을 포옹 속에 다하게 하라.

—포론스키

낙   엽

시몬, 나무잎새 져버린 숲으로 가자.
낙엽은 이끼와 돌과 조롱길을 덮고 있다.
시몬 너는 좋으냐, 낙엽 밟는 발자국 소리가?

낙엽 빛깔은 정답고 쓸쓸하다.
낙엽은 덧없이 버림을 받아 땅 위에 있다.
시몬 너는 좋으냐, 낙엽 밟는 발자국 소리가?

저녁 노을의 낙엽 모습은 쓸쓸하다.
바람에 불리울 적마다 낙엽은 상냥스러이 외친다.
시몬 너는 좋으냐, 낙엽 밟는 발자국 소리가?

가까이 오라, 우리도 언젠가 가련한 낙엽이리라.
가까이 오라, 벌써 밤이다. 바람이 돋에 스민다.
시몬 너는 좋으냐, 낙엽 밟는 발자국 소리가?

—구르몽

—— 독서는 영원한
    마음의 보고(宝庫)이다——

제 6 장 세계 명언초

세계 명언초

- ⊙ 사 랑 편
- ⊙ 행 복 편
- ⊙ 처 세 편
- ⊙ 명 상 편
- ⊙ 인 생 편

—◇—

우리는 짧은 경구로써 많은 교훈을 남긴 옛 성현들의 진실된 언어를 기억할 것이다. 자신의 과거와 현재, 미래를 그들의 고매한 인격과 지성을 통하여 투사하고 토착화시켜 간다면 생활의 새로운 지혜를 찾으리라 믿는다.

우리는 겸허하게 성현들의 가눌길 없는 사랑에의 의지는 어떠했으며 어떻게 살아가는 것이 행복의 광장인가를 터득해 보자.

패배냐, 승리냐 하는 갈림길에서의 고뇌와 어떤 신념으로 좌절감을 극복했는가를—

고독이란 병, 자아 발견, 사유, 신앙등 명상의 시간을 제나름대로 하루 단 몇 분이라도 위인들과 함께하는 습성을 함양하여 자신을 재발견하기 바란다.

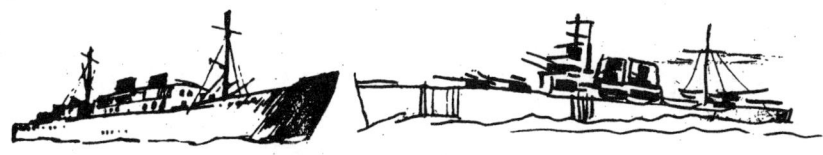

인생의 명언
◎ ◎ ◎ ◎ ◎ ◎
〈인 생 관〉

　나에게 말하지 말라. 슬픈 곡조로—「인생은 허무한 꿈에　불과하
라」고.

—롱펠로우—

　세상이란 그렇듯 사람이 생각하는 것처럼 즐거운 것도　아니며 나
쁜 것도 아니다.

—모파상—

　세상을 야속타 하지 말고 세상에 없어선 안될 사람이 되라!
　세상이 그대를 찾는 사람이 되라! 세상은 반드시　그대에게　양식
을 주리라.

—에머슨—

　인생보다 더 어려운 예술은 없다. 다른 예술이나 학문은 가는 곳
마다 스승이 있다.

—세네카—

　이 세상은 모두 무대이며 남자나 여자는 모두 배우에 지나지 않는
다.

—세익스피어—

　인생살이가 무엇보다도 어려운 것은 거짓말을 하지 않고　산다는
것이다.

—서양명언—

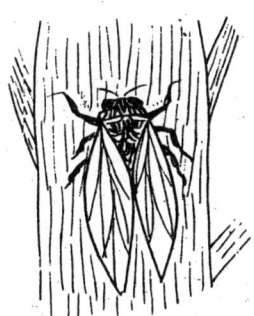

사 랑 의 명 언
◎ ◎ ◎ ◎ ◎ ◎
〈사 랑 편〉

참다운 사랑의 힘은 태산(泰山) 보다도 강하다. 그러므로 그 힘은 어떠한 힘을 가지고 있는 황금일지라도 무너뜨리지 못한다.

—소포클레스—

사랑의 비극이란 절대없다. 오직 사랑이 없는 곳에서만 비극이 생긴다.

—데 스 카—

이 세상에서 가장 가치가 있고 고귀(高貴)한 것은 사랑이다.

—톨스토이—

지혜가 깊은 사람은 자기에게 무슨 이익이 있을까 해서, 또는 이익이 있으므로 해서 사랑하는 것이 아니다. 사랑한다는 그 자체 속에 행복을 느낌으로 해서 사랑하는 것이다.

—파 스 칼—

구해서 얻은 사랑은 좋은 것이다. 그러나 구하지 않고 얻은 것은 더 좋다.

—세익스피어—

사랑이란 두 개의 고독한 영혼의 서로 지키고, 접촉하고, 기쁨을 나누는데 있다.

—릴 케—

234

사내들이 사랑을 구할 때는 사월이며, 결혼을 하면 십이월이 된다. 처녀들은 처녀시절에는 오월이지만 아내가 되고 보면 하늘색이 변한다.

—세익스피어—

가장 완성된 사람은 모든 사람을 사랑하는 사람이다. 그 사람들이 좋건 나쁘건 가리는 일 없이 모든 사람에게 착한 일을 하는 사람이다.

—마호메트—

사랑은 이상한 안경을 끼고 있다. 구리를 황금으로, 가난함을 풍족함으로 보이게 하는 안경을 끼고 있다. 그러기 때문에 눈에 난 다래끼조차도 진주알 같이 보이고 만다.

—세르반테스—

사랑이란 남자의 생애에서는 한 별난 사건에 불과하지만, 여자는 여기에 전생애를 건다.

—바이런—

사랑할 때는 사상 따위가 문제가 안된다. 내가 사랑하는 여자가 음악을 좋아하는가 어떤가는 문제가 아니다. 결국 어떤 사상에도 우열을 결정하기란 힘드는 것이다. 세상에는 오직 하나만의 진리가 있을 뿐이다. 그것은 서로 사랑하는 것이다.

—로망롤랑—

사랑의 마음 없이는 어떠한 본질도 진리도 파악하지 못한다. 사람은 오직 사랑의 따뜻한 정으로써만 우주의 전지전능에 접근하게 된다. 사랑의 마음에는 모든 것이 포근히 안길 수 있는 힘이 있다. 사랑은 인간 생활의 최후의 진리이며 최후의 본질이다.

—슈 와 프—

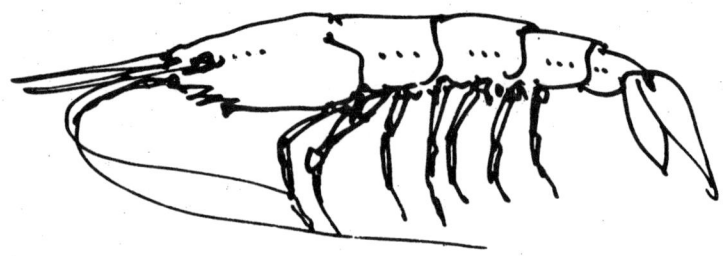

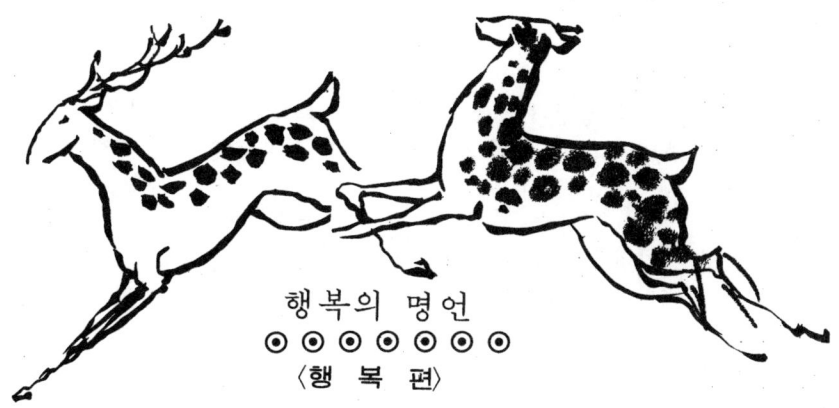

행복의 명언
◎◎◎◎◎◎◎
〈행 복 편〉

만약 누군가를 행복하게 해주고 싶은 생각이 있으면 그 사람의 소유물을 늘이지 말고 욕망의 양을 줄여주는 것이다.

—세 네 카—

행복한 생활이란 대체로 고요한 생활이어야 한다. 왜 냐하면 고요하다는 그 분위기 속에서만 참다운 환희가 살아날 수 있기 때문이다.

—버트런드 럿셀—

행복을 수중에 넣는 유일한 방법은 행복 그 자체를 인생의 목적으로 생각지 말고 행복 이외의 어떤 다른 목적을 인생의 목적으로 삼는 일이다.

— 밀 —

최고의 행복이란 나의 결함(缺陷)을 고치고 나의 잘못을 잡아 주는 일이다.

—괴 테—

이 세상에서 가장 행복한 사람이란 영세 (零細)한 재물로써 만족하는 사람이며 위인과 야심가는 가장 딱한 사람들이다. 왜 냐하면 그들이 행복해지기 위해서는 재물을 한량없이 긁어 모아야만 되기 때문이다.

—라로슈푸꼬—

가장 아름다운 생활이란 보통 인간답게 모범을 따른 생활을 말한다. 정연(整然)한 그러면서도 기적을 바라지 않고 자연에 거역하지 않는 생활이다.

―몽 테뉴―

원만한 가정은 상호간의 사소한 희생이 없이는 절대로 영위되지 못한다. 이 희생은 그것을 실행하는 사람을 위대하게 하며 아름답게 한다.

―지 드―

가정을 지키고 잘 다스리는 데에 두가지 훈계의 말이 있다. 첫째 너그럽고 따뜻한 마음으로 집안을 다스리지 않으면 안된다. 그리고 정이 골고루 미치면 아무도 불평하지 않는다. 둘째 낭비를 삼가고 절약해야 한다. 절약하면 식구마다 아쉬움이 없다.

―채근담―

어쨌든 결혼하라. 만일 그대가 선한 아내를 얻는다면 그대는 아주 행복하리라. 만일 그대가 악한 아내를 얻는다면 그대는 철학자가 되리라. ―그리고 그것은 누구에게나 좋은 일이다.

―소크라테스―

금전을 위해 결혼하는 사람만큼 나쁜 사람은 없다. 그리고 연애를 위해 결혼하는 사람닫큼 어리석은 사람은 없다.

―사무엘 존슨―

곤궁한 사람에게 마시게 할 약은 오직 희망 뿐이다. 부유한 사람에게 마시게 할 약은 오직 근면 뿐이다.

―세익스피어―

그대의 꿈이 한 번도 실현되지 않았다고 해서 가엾게 생각해선 안된다. 정말 가엾은 것은 한 번도 꿈을 꿔 보지 않았던 사람들이다.

―에셴바흐―

처세의 명언
◎ ◎ ◎ ◎ ◎ ◎
⟨처 세 편⟩

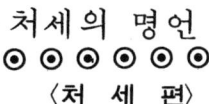

부(富)와 귀(貴)를 부러워하고 가난하고 천한 것을 싫어하여 악의 악식(惡衣惡食)을 심히 부끄러워 하는 사람은 더불어 이야기할 수 없는 사람이다.

　　　　　　　　　　　　　　　　　—율　곡—

아홉가지 꾸짖을 일을 찾아 꾸짖기 보다 한가지 칭찬할 일을찾아 칭찬해 주는 것이 그 사람을 개선하는데 유효하다.

　　　　　　　　　　　　　　　　　—카 네 기—

처세술이란 무엇보다 먼저 자기가 한 결심을 재치있게 해 내는 일이다. 그러므로 자기가 종사하고 있는 일에 대해서 군소리를 하지 않는 사람이야말로 처세술이 능한 사람이라고 할 것이다.

　　　　　　　　　　　　　　　　　—알　랑—

싸우기를 삼가라. 아무도 강제로 설복하지 말라. 이견(異見)이란 못(釘)과 같은 것, 때리면 때릴수록 깊이 들어간다.

　　　　　　　　　　　　　　　　　—유베 나르그—

일을 끝까지 완결짓지 못해도 좋다. 다만 일을 하다 말고 전부포기할 생각만은 하지 말라. 당신에게 그 일을 맡긴 사람은 언제나 희망을 잃지는 않을 것이다.

　　　　　　　　　　　　　　　　　—탈무우드—

시기와 질투는 언제나 남을 쏘려다가 자신을 쏜다.

　　　　　　　　　　　　　　　　　—맹　자—

초인 (超人) 이란 필요한 일을 견디어 나갈 뿐 아니라 그 고난을 사랑하는 사람이다.

—니   체—

불은 금 (金) 을 시험하고 역경 (逆境) 은 강한 사람을 시험한다.

—세네카—

인내와 노력, 이 두 가지만 있으면 이 세상에서 못할 일이 없다. 인내야말로 환희에 이르는 문이다.

—야콥 센—

천국에서 노예가 되느니보다 지옥에서 왕좌가 되리라.

—존밀턴—

목적이 멀면 멀수록 더욱 앞으로 나아가는 것이 필요하다. 급히 굴지 말라! 그러나 쉬지 말라.

—다드 지이드—

최후의 승리는 출발 전의 비약이 아니라 결승점에 이르기 까지의 견실 (堅實) 과 노력이다.

—워너 메이커—

게으른 자여! 개미에게 가서 하는 것을 보고 지혜 (知慧) 를 얻으라라.

—성   서—

사람은 항상 일하지 않으면 안된다. 사람이 일함으로써 인간이 살아 간다는 의의도, 행복도, 모두 찾아낼 수 있다.

— 체   홉—

적을 알고 나를 알면 백전백승한다.

—손자병법—

인생에 있어서 성공하려거던 어리석은 듯이 보이면서도 속으로는 영리하여야 한다.

—몽테스큐—

명상의 명언
◎ ◎ ◎ ◎ ◎ ◎
〈명 상 편〉

젊은 시절은 다시 돌아 오지 않는다. 오늘 이날은 두 번 다시 밝지 않는다. 틈이 있을 때마다 공부에 열중하라. 세월은 사람을 기다리지 않는다.

—도 연 명—

청년기에는 주관이 지배하고 노년기에는 사색이 지배한다. 말하자면 청년기는 작가로서 적합한 시기요, 노년기는 철학에 적합한 시대다. 실천면에 있어서도 청년기의 사람은 주관과 인상에 따라 결심하지만, 노년기에는 주로 사색에 따라 결심한다.

—쇼오펜하우엘—

인생은 모두 신앙의 행위다. 그것 없이는 인생은 곧 붕괴해 버릴 것이다. 강한 영혼은 호수 위를 걷는 베드로처럼 불안정한 지면을 걸어간다. 신앙이 없는 자는 빠져들어가 버린다.

—로망 롤랑—

모험 없이는 신앙은 없다. 신앙이란 내면성의 무한한 정열과 객관적인 불확실성과의 사이에 있는 대립에 지나지 않는다. 신을 객관적으로 포착할 수 있는 것이라면 나는 신앙 따위는 하지 않는다. 그것을 할 수 없는 까닭에 나는 신앙하지 않을 수 없는 것이다

—키엘케골—

시간을 짧게 하는 것은 무엇일까. —활동—시간을 참을 수 없이 길게 하는 것은 무엇일까. —안일.

—괴에테—

새편지투백과

■ 편저자 / 안　　재　　찬
■ 발행자 / 남　　　　용
■ 발행소 / 一 信 書 籍 出 版 社

주소 : 121-110 서울 마포구 신수동 177-3
등록 : 1969. 9. 12. NO. 10-70
전화 : 영업부 703-3001~6
　　　 편집부 703-3007~8
　　　 FAX 703-3009

❶ 값 8,000원